海天译丛

我们怎么就成了美国人

[法] 雷吉斯·德布雷 著

李 焰 译

Régis Debray

Civilisation

Comment nous sommes
devenus américains

 海天出版社
HAITIAN PUBLISHING HOUSE
·深圳·

图书在版编目（CIP）数据

我们怎么就成了美国人 / (法) 雷吉斯·德布雷著；
李焰译. -- 深圳 : 海天出版社, 2022.8
　　（海天译丛）
　　ISBN 978-7-5507-3053-3

　　Ⅰ.①我… Ⅱ.①雷… ②李… Ⅲ.①文化史—研究
—欧洲②文化史—研究—美国 Ⅳ.①K500.3②K712.03

中国版本图书馆CIP数据核字(2020)第217913号

版权登记号　　图字：19-2018-051号
Originally published in France as:
Civilisation, comment nous sommes devenus américains
by Régis Debray
© Éditions Gallimard, Paris, 2017
Cet ouvrage a bénéficié du soutien des Programmes d'aide
à la publication de l'Institut français.
本书获得法国对外文教局版税资助计划的支持

我们怎么就成了美国人

WOMEN ZENME JIU CHENGLE MEIGUOREN

出 品 人　聂雄前
责任编辑　邱秋卡　　沈逸舟
责任校对　万妮霞
责任技编　梁立新
装帧设计　龙瀚文化

出版发行　海天出版社
地　　址　深圳市彩田南路海天综合大厦（518033）
网　　址　www.htph.com.cn
订购电话　0755-83460239（邮购、团购）
设计制作　深圳市龙瀚文化传播有限公司 0755-33133493
印　　刷　深圳市华信图文印务有限公司
开　　本　889mm×1194mm　1/32
印　　张　9.25
字　　数　170千
版　　次　2022年8月第1版
印　　次　2022年8月第1次
定　　价　45.00元

事关人类的命运。因为，正如当年德国人和效仿德国人的日本人阴谋将欧洲的希特勒化推向全球一样，欧洲的美国化或许也在为全球的美国化铺路。虽然第二种情况带来的坏处比第一种情况要少，但它很快就将迎头赶上。在这两种情况下，全人类都会失去自己的过往。

——西蒙娜·薇依[1]，《历史与政治杂谈》，1943年

---

[1] 西蒙娜·薇依（1909—1943），法国人文主义哲学家和神秘主义思想家，对战后的欧洲思潮有深刻的影响，代表作有《重负与神恩》《哲学讲稿》等。

我在想，这一切，我指的是欧洲，最后会不会在精神错乱或智力全面衰退中终结。"报时信号响第四下时，那将是……世界末日。"

——保尔·瓦莱里①，《札记》，1939年

---

① 保尔·瓦莱里（1871—1945），法国象征派诗人，法兰西学术院院士，著有《旧诗集存》《年轻的命运女神》《幻美集》等。

告读者

本书有两点可能会让读者感到惊讶甚至不快：

（1）使用"Amérique"这个词时只用单数形式，且不加形容词。"God bless America（上帝保佑美国）"和"Make America great again（让美国再次伟大）"中的"America"实际上是以偏代全，用美洲大陆的一部分来指代整个美洲大陆。拉丁美洲人则使用"Las Americas"这一更为精确的复数形式来指代整个美洲。1507年，德国制图师马丁·瓦尔德泽米勒依据亚美利哥·维斯普奇①的旅行叙述，在孚日圣迪耶给地处北半球南端的西印度群岛取名为"亚美利加"。现如今，这个名字主要指代这块被盎格鲁-撒克逊人的后代独占的大陆——讲英语、

---

① 亚美利哥·维斯普奇（1454—1512），意大利航海家，1499—1504年间多次航行至南美洲北部一带，经实地考察确定了该地不是亚洲，而是"新大陆"，后人即以其名称这块大陆为亚美利加洲，简称"美洲"。

信仰新教。它将那块讲罗曼语、秉承天主教传统的大陆排除在外。它反映了某种力量对比。除此以外，它更多是代表某种形式的文明，而不是一个国家和一片疆域。

（2）大量使用英语借词。作为美国文明的官方语言，英语是其重要的实力杠杆。我们觉得，如果不使用其符号，便很难分析美国文明在世界范围内的绝对优势。语言作为文明的符号，并不是无足轻重的，它不可避免地带有强烈的时代烙印。

目　录

第一章

何为"文明"？

"文明"一词出现在各种类型的舞台上，或引吭高歌，或低吟浅唱，犹如一个曼舞的仙女，不迷众人誓不休。有太多的理由高喊"狼来了"。可我们为什么要重提这个话题？因为刻不容缓，因为这个轮廓不明、雾气般朦胧的概念正笼罩着再急迫、再具体不过的现实。

保尔·瓦莱里深知那些模糊的概念终将湮灭，所以不提倡大家花太多时间去定义它们。我们认同他的观点，明白从远处识别一个野人比识别一个文明人要来得容易。前者有着红色皮肤，鼻端穿根羽毛，耳垂上坠着圆环；后者则知道如何更好地隐瞒自己的意图。无论我们愿意与否，认真地下定义意味着要从时间上予以确定（我们得掐停计时器），还要从空间上画出其边界（在此地而非稍远处）。然而，新陈代谢是一种鲜活的文明固有的特性，它会从别处吸收营养，渐渐发生转变，并激发其他东西。照理说，填塞标本躯壳的稻草应该源自标本制作者本人，但文明却自行通过效仿和交流汲取养分。各种"窗口"和"通风口"、诸多传教士和行商功不可没。马可·波罗通过丝绸之路，让蒙古帝国感受到意大利的微风，也将亚洲的些许空气带至比萨城内。墨西哥的农场工人翻越边境围墙去美国学习英语，美国西海岸地区却重新成了西班牙语的天下。文明在延续，文明在交融。彼此相互隔离的种族只是一种空想，至于那些种族隔离的支持者，他们实际上也无法自圆其说（"你不是咱们这地方的人""滚回自己的国家去""让我清静地待在自己的角落里日渐衰败吧",他们常说这些话)。

　　然而,必须承认的是,尽管我们厌恶过于精细地勾勒各种文明的轮廓,文明本身却会以相互排斥的方式,以隐晦或非隐晦的言辞来替我们完成这件事。文明交融在一起,是的,但又互不服气。不同文明之间的摩擦因移民潮而加剧,让文明如染湿疹。面对难民,各国想到的不是优化边境线管理,而是采取敌视态度,建立起混凝土墙,甚至是带刺的铁丝网。定居族群不喜欢游牧族群,美国社会中享有特权的中上层白人不喜欢墨西哥裔美国人,土耳其人也不喜欢亚美尼亚人或希腊人,等等,不一而足。世界仍处于"让我们拥抱在一起,福勒维尔!"①的状态,全球化还有很长的路要走。所有文明都在游弋,所有文明都有交叉,所有文明都得以传播。的确如此,但并非处处畅行。布丁的好坏,要看人们是否愿意吃它;而考验文明,则要看它在吸收外来文明时能否有所甄别。文明之间存在着无形的关卡,正如布罗代尔②所说,是一种不加过滤器的筛选。教皇绝罚令或递解出境令并非必不可少,排异反应会本能地起作用,例如意大利和伊比利亚半岛拒绝新教

---

① 一句带讽刺意味的俗语,出自欧仁·拉比什和奥古斯特·勒弗朗的同名喜剧《让我们拥抱在一起,福勒维尔!》,现用以指代表面上一团和气,背地里却满是矛盾与不满。

② 费尔南德·布罗代尔(1902—1985),法国历史学家,年鉴学派代表人物。

改革，什叶派穆斯林占主导地位的波斯阻止了来自阿拉伯和奥斯曼的逊尼派穆斯林入侵，马克思主义的传播遭到盎格鲁-撒克逊世界的抵制（少数几个学术研究机构除外）。当下的印度，在经历英国圣公会近两个世纪的占领后，却仅有2%的基督教人口——只有喀拉拉邦是个例外，因为那里有叙利亚-玛拉巴礼教会的存在。印度教在此依然状态良好，《福音书》并没有动摇《吠陀经》的地位。印地语没有被英语打败，只要印度保持其多样性（23种官方语言和500多种方言），其独特性就不会改变。购物中心、电视荧屏、广告牌、宣传短片、环形公路和快餐店，尽管此类"美式生活方式"遍布"印度母亲"的肌体，但枉费工夫，它难以磨灭造就印度人灵魂的东西——为宇宙而惊叹，笑对生活中的恶作剧（这让每个个体的死亡不再是句号而只是个逗号）。尽管出现了全球化市场和消费主义，印度依然有机会延续它的文明，而不是成为诸多民间文化中的一种。

　　"Concret"（具体的）这个词来源于拉丁语"concretus"，有"坚固的""坚定的""厚重的"等多重意思。其动词形式为"concrescere"，表示"在聚合不同元素（比如砂浆或岩层）的过程中慢慢地凝固"。具体的事物往往是复杂的，而复杂的事物往往是令人气馁的。不同时代的混合产物并不讨喜，而各种混血儿也会冒犯文明的"正统"继承者，后者具有荣誉感，喜欢给自己划定清晰的边界和纯净的源泉，殊不知源泉本身已是合流的产物。当人们告诉一个上帝的卫道者，基督教是皮肤黝黑的东方人信仰的一种宗教，或者告诉他，正是他的对手伊斯兰教经由西班牙让欧洲人重新发现了他引以为傲的亚里士多德的遗赠，而穆斯林则是从巴格达一批信仰基督教的古叙利亚语译者那里得到这些遗赠的——这位卫道者马上就会皱起眉头，耷拉下脸。光明来自东方。至于犹太人，我们受到他们的良多恩泽，而他们的功劳应归属于美索不达米亚的人民——那里最早出现文字并诞生了我们的造物主。可以说，犹太人来自埃及，在巴比伦成为特殊人群①，并将自己的历史镌刻于亚历山大城。记忆的谱系必须是一条直线。我们的圣诞老人是在怎样的纷杂中出现的？1951年12月25日，一位主教在第戎大教堂前的广场上焚烧了这个脚蹬长靴的白胡子老头的肖像，因为显而易见，那是个异教徒。美式的圣诞老人享有很高的威望，但实际上他是很久以前从斯堪的纳维亚地区传过去的——在那里，曾有古罗马人的农神节，再往上探寻，还可以追溯至史前的树木崇拜（德鲁伊教以槲寄生为圣物）。一棵小小的圣诞树居然有这么多故事！

　　骄傲且纯正的"基督教文明"竟也经历过那么多次混合和曲折！在源头上，它包含了三层沉淀。最初，它是一种

---

① 公元前6世纪，犹太王国被巴比伦帝国攻占，国民被掳到巴比伦成为奴隶。

犹太宗教仪式，源于约书亚①（耶稣的名字即取自他）进行的《圣经》宣讲，也就是犹太人安息日在犹太教堂讲道时，根据现实情况解读某一段经文；其次，它是一次发生在公元2世纪的哲学运动，将这一犹太教的异端教派纳入希腊精神（hellénisme）的范畴，它从此进入希腊人的语言和思想中；最后，公元3世纪，在将其神学理念融入罗马的语言和法律后，这种宗教成了继承"罗马文明"的候选人。这几番质变，可以说是一场成功的大杂烩，但其中不乏出生造假、不承认陈年旧账、债权吞并、颜色漂白的成分，它们都是自我塑造中不可或缺的组成部分。假如不通过美丽的谎言以及捏造出来的不可信且荒诞的英雄先祖——如日本女神天照大神、埃涅阿斯②或维钦托利③——来将历史改造为神话传说，一种文明就不会成为人们的精神归属地，而只能是科学研究的殿堂。

表面上的模糊使人变得谨慎，它从何而来？来自那些肉眼看不到的含混的东西。它们是脉络细密的栅网，就如集体无意识因个体的无意识而更加泛滥；是不设防的预

---

① 约书亚，《圣经·旧约》中的人物，摩西的继任者，以色列和犹太人的民族英雄，其名字意为"拯救"。"约书亚"（Joshua）这个名字在犹太人中使用较为普遍，而"耶稣"（Jésus）则是"约书亚"的希腊化拼写形式。

② 埃涅阿斯，古希腊和罗马神话中的特洛伊英雄，古罗马诗人维吉尔《埃涅阿斯纪》中的主人公。据《埃涅阿斯纪》，他是特洛伊的王子，在特洛伊被希腊攻陷后携家出逃，辗转来到意大利，建立罗马城。

③ 维钦托利，高卢阿维尔尼人的部落首领，曾领导人民将入侵的恺撒及其军队赶出高卢。

防，与军事联盟或政治同盟类似；是一个没有内容实质的内容物，一种没有道德准则的道德观，一种没有同行者的同行之谊。那是一种坚持，在受到外来团体（例如阿拉伯–伊斯兰文明或斯拉夫–东正教文明）的攻击时，比我们以为的要更为顽强与坚决；而在出现撕裂时（如什叶派和逊尼派的分裂，俄罗斯人和乌克兰人的纷争），也比我们想象的要更为软弱与无力。这种情形的出现由来已久，无法确切地知道久到何时，它会重复出现，我们却不太知道是为什么。那些持续存在、长久挺立并拒绝署名的东西，嘲笑着我们对著作权的重视；那些不再存在的东西，诸如基督教世界、大明王朝、奥斯曼帝国等，冒犯着我们的常识。文明这一概念的深处，存在着一些会令具有解放意识且思想超前的个人感到受束缚的东西，就像用医用胶带捆缚住尚未成形的思想，用镣铐限制消费者的自由，用绳子捆绑住手脚。"我们"这个词可以在任何时候使人联想到"我"，但它拒绝单子①形式的个体，因为后者希望自我孕育，是自己作品的孩子，是自己生命的唯一创造者，梦想着能够自主选择身体、性别、语言和记忆。最糟的是，这个阴谋中没有策划者。查理大帝曾刮起一阵旋风，为了某次论战（圣灵出自圣父，还是出自圣父和圣子？），使我

---

① 单子，标志存在的结构与实体的单元的哲学术语，各派哲学家对它有不同的解释。依照意大利哲学家布鲁诺的观点，单子是构成一切事物的最小单位，是物质与精神的统一体，具有内在的创造力。

们与号称第二罗马的拜占庭以及随后自称第三罗马的俄国决裂，可我们却无法大声喊出"去死吧，查理大帝！"；贝都因人掐死了我们怀抱中的儿子和我们的神甫，可我们却无法高喊"滚开，穆罕默德！"；孔夫子让中国成为不可理解、难以接近的国度，可我们却无法大喊"去你的，孔子！"。摆脱的办法似乎收效甚微。大家都明白，这种束缚时常被贴上反动或宿命论的标签。不过，那些抛弃文明的人同样经常在这件不是事情的事情上遇到挫折，因为这件事抓不住、嚼不烂，顽固得很。

罗伯斯庇尔和列宁枉自加倍努力了，他们的激进主义既没有引起语言的变化也没有导致气候的变迁，国家的供给制度和家庭模式亦维持不变。的确发生了很多事情，诸如由马车变为高铁、由算盘变为计算机，但并没有造成本质上的变化。信奉苏维埃的俄罗斯人没有告别圣谢尔盖[1]和甜菜汤，反对教会的法国人也没有弃用《圣经》中传下来的将一个太阴月分为4个星期的历法和巴比伦传下来的一个小时有60分钟的计时法。法兰西即使在将来进入第六共和国时代，格里高利历估计也不会被废除（第一共和国就没能成功推行其共和历）。历史学家查尔斯·塞尼奥博斯写道：文明"是道路，是港口，是码头"。文明也是划分

---

[1] 圣谢尔盖（1314—1392），即谢尔盖·拉多涅日斯基，东正教圣人，罗斯公国的主保圣人，罗斯教会的奠基人。

时间和空间的方式，是一道主菜、一种偏爱的颜色，是作为识别标志的头饰。凯末尔·阿塔图尔克①禁戴土耳其毡帽和面纱，但如果菲斯帽消失了，穆斯林头巾就会卷土重来。文明的一个特点，就是它像调味汁的底儿，任何一种意愿，无论好坏，都不能阻止它浮到表面上来。我们的玛丽安娜②们也许不会被当作被夺去光环的圣母玛利亚。可这是在抹杀因果关系。没有古，就没有新。一门缺失了谱系学的未来学只能被当作儿童游泳池中的一道涟漪。

　　如果是否结盟或协作是纯粹根据利益来决定的，那么举个当代的例子——被欧洲排挤并被北大西洋公约组织成员国包围的俄罗斯联邦，选择与中国携手合作的确是符合逻辑的。但一部分俄罗斯人自己都说："这只是个基于利害关系的联姻，双方其实并无太多好感——'我们毕竟不是同宗同族'。"至于让欧洲在红色或蓝色的纸币上一体化的始作俑者们，他们忽略了由"和子说"③承袭而来的里加—斯普利特分割线④，这条线自8世纪起就使欧洲

① 凯末尔·阿塔图尔克(1881—1938)，土耳其国父，土耳其共和国的缔造者及首任总统(1923—1938)，任内推行世俗化改革，为土耳其的现代化奠定了基础。
② 玛丽安娜，象征法兰西共和国的女性形象，常被放置于政府机构的显著位置。
③ 和子说，指天主教与东正教之间的一个重大神学理论争议，即"圣灵出自圣父，还是出自圣父和圣子"。
④ 里加是位于欧洲北部的拉脱维亚的首都，斯普利特是位于欧洲南部的克罗地亚的一座城市。两者之间的连线大致和天主教势力与东正教势力的边界一致。

的东部和西部相互分离，过去及未来都得付出代价。没有一次和平大会能消除阿拉伯人与波斯人之间、印度教徒与穆罕默德信徒之间，甚至是路德主义者与教皇主义者之间的相互不信任和敌意，更别提南美人和北美人。所有的新生宗教对历史悠久的宗教而言都是异端邪说——如佛教之于印度教、基督教之于犹太教、新教之于天主教，等等。与此类似，如果一种文明没在巴别①的某处落脚并与另一种文明相对立，那就不能称其为文明，而死亡的文明会成为失忆症患者颈背上的重负。这种"社会情感"（affectio societatis）并不会带来有利于人类福祉的全球化，不会促进全球治理的改进，无法织造出"全色彩的贝纳通"②，也不会带来集体安全计划和世界主义的广泛传播。所有汇聚的东西最后都会产生分裂，要想在联合国教科文组织甚至在联合国的讲坛之外孵化出一种属于全人类的文明，需要长着两个脑袋四条腿的外星人屈尊来到我们的星球。好日子并非说来就来。汉娜·阿伦特③主张"多样性是地球的法则"，来得正是时候！但是，多样性让打开的窗子和摔上的门一样多，让握手言欢同拔刀相向一样多。

---

① 巴别，《圣经》中的一座古城，传说上帝耶和华正是在这儿打乱了人类的语言，并把众人分散到地球的各个角落。因此，"巴别"也有混乱、嘈杂的意思。
② 全色彩的贝纳通，贝纳通公司推出的系列服装，传达和平共存的主张。
③ 汉娜·阿伦特（1906—1975），20世纪杰出的思想家、政治理论家，犹太裔美国人，著有《极权主义的起源》。

我们首先要将文化和文明区分开来，虽然它们都是
"人作为社会的一分子所学会的态度和才能的总和"（列
维-斯特劳斯①），人们经常会混淆二者（黑格尔就常把
其一当其二）。在启蒙时代，米拉波和伏尔泰发明了带定
冠词的"文明"一词，意指脱离了未开化状态。随后不
久，德国提出了植根于一个民族和一块土地的生命独特性
的"文化"一词，来与缺乏生命力的、无根的、普适性的
"文明"相抗衡。柏林的历史学家特奥多尔·蒙森②提醒
说："现在，人类有义务防止文明摧毁文化，技术摧毁人
类。"至于盎格鲁-撒克逊的人类学家们，他们通过论证，
使文化与文明的概念从思想观念层面扩展到社会现实层
面，由单数转化为复数——用"文化"来指原始社会，用
"文明"来指现代社会。于是，我们发现在谱系和路径上
都含混不清，需要对此加以澄清。

文明作为"最古老、最复杂的恒定形态"，是通过
什么来与其他乍一看就很明显的集群形式（如部落、民
族、国家）区分开来的？首先，从空间层面，即传播范围
来说，伊斯兰教遍及从达喀尔到雅加达的广大区域，远大

---

① 克洛德·列维-斯特劳斯（1908—2009），法国哲学家、人类学家、作家，
结构主义人类学创始人。

② 特奥多尔·蒙森（1817—1903），德国古典学者、法学家、历史学家、记者、
政治家、考古学者、作家，1902年诺贝尔文学奖获得者，其有关罗马历史的
著作对当代的研究十分重要。

于伊斯兰文明覆盖的面积，也就是说，地基总是比上面的建筑物要宽大；其次，从时间层面，即长久性而言，罗马城屹立千年之久，而中国已进入第三个千年，底蕴无比深厚。中国虽然经历了多次朝代更迭、战争与和平、江山易主，但是寺院浮屠从未消失。鹳鸟过而钟楼存。

没有农业就没有文化①，没有城市也就没有文明。词源实则是对使命进行的分类：这里有个"位点"（locus），那里有个"场所"（topos）。这是一个可以容纳和塑造多个信徒圈子的模具。虽然最集约化的耕种是在城市围墙下或城市附近地区进行的，但只要是耕种就要有肥料，因此文化总是带有乡土气息的。文明则是一块巨石，带有城市的特征，它需要有集散中心，因此城市化不会在随便什么地方出现。海滨或大江大河都为廉价运输食品和物资提供了便利，因而很自然地就会吸引运输行业。山区最有利于狭义上的耕种，但是交通困难。草原、高地和高原则鼓励地方本位主义抵抗外界。地理条件对于某些事物来说好似港湾，对于另一些事物来说却只是个跳板。如果说文化是个单身汉，文明则会哺育出下一代。文化之于文明就如王国之于帝国。文化是内向的，文明则是外向的。举个例子，巴斯克文化聚合了跨比利牛斯山边界的7

---

① 法语中，"文化"与"耕种"是同一个词。

个省，不过它北到阿杜尔河、南到埃布罗河后就止步不前了，无意蚕食加斯科涅和阿拉贡地区。很多巴斯克人移居国外，他们的后代遍布拉丁美洲。依纳爵·罗耀拉①和圣方济各·沙勿略②（虽然他们都不定居于巴斯克）、巴斯克回力球、曲槽形球拍、回力球四角厅、巴斯克手杖（一种牧羊棍）、牧歌（一种赞美诗式戏剧）、走私、贝雷帽、番茄甜椒炒蛋，尤其是谜一般的巴斯克语（那是巴斯克人身份归属的真正之所在），它们都出自唯一的王国，那就是巴斯克地区。和雅兹迪人③、卡比尔人④及艾马拉人⑤一样，巴斯克人不愿自己的文化被脚蹬绳底帆布鞋的摩登人士践踏，也不想侵犯别人的文化。巴斯克态度就附着在巴斯克人身上，仅此而已。我们并没有听说巴斯克人有创造全球"共同昌盛"的计划。相反，并非只有生在意大利或是"罗马和平"（pax romana）⑥的拥趸才能说拉丁语，才

---

① 依纳爵·罗耀拉（1491—1556），天主教耶稣会创始人，西班牙贵族。
② 圣方济各·沙勿略（1506—1552），传教士，耶稣会创始人之一。
③ 雅兹迪人，信奉雅兹迪教的库尔德人。雅兹迪教是中东一种古老而独特的宗教。
④ 卡比尔人，指居住在阿尔及利亚的柏柏尔人。
⑤ 艾马拉人，南美洲印第安人的一支，属蒙古人种印第安类型，使用艾马拉语，有文字，多信天主教，残存着许多原始信仰。
⑥ 罗马和平，指公元前27年至公元180年的罗马帝国历史。在这一时期，罗马帝国的统治达到辉煌的顶峰，其疆域横跨欧、亚、非大陆，政治、经济、文化等方面均繁荣兴旺。

能像罗马人那样思考（例如柏柏尔人圣奥古斯丁①和中世纪的托马斯·阿奎那②）；也没有必要非得持有美国护照或说一口流利的英语才能过美国式的生活。与一种母语言会辐射派生出多种方言一样，文明能够消除其根源文化的边界——汉化世界囊括了中国、日本、蒙古、朝鲜半岛、越南和新加坡。当其力量日渐衰落时，文明会自行收缩。这种收缩或蜷缩意味着退却，此时便叫文化。古希腊文明曾触及印度河流域，基督教文明的影响西至阿根廷巴塔哥尼亚、东至印度喀拉拉，拜占庭和波斯时代之后的汉志③信仰也到达了印度北部地区。佛陀起源于印度，翻越喜马拉雅山脉后在中国得到传播，但地中海地区成为它的禁地，因为教义内容水土不服，且信奉琐罗亚斯德教④的波斯阻止了它的弘法人向西传教。文明不会自行发展。如果说文化建造的是场所，那么文明建造的就是道路，后者以外向型政

---

① 圣奥古斯丁（354—430），罗马帝国时期基督教神学家，其思想影响了西方基督教和西方哲学的发展，著有《忏悔录》《论三位一体》《上帝之城》《论自由意志》《论美与适合》等。

② 托马斯·阿奎那（约1225—1274），意大利人，中世纪基督教神学家，经院哲学的集大成者，代表作为《神学大全》。其哲学和神学体系被称为托马斯主义，以他为主要代表的基于基督教神学的法学派别被称为托马斯主义法学派。

③ 汉志，得名于沙特阿拉伯境内的汉志山脉。该地区是伊斯兰教的发祥地，境内有麦加和麦地那两座伊斯兰圣城。

④ 琐罗亚斯德教，又称拜火教，基督教诞生之前中东最有影响力的宗教，是古代波斯帝国的国教，是摩尼教之源，在中国古代被称为"祆教"。

策为基础。文明会主动采取行动，是进攻性的；文化则只会被动地作出回应，是防守性的。说文明是"公民主动行为"（civilisaction）可能更准确。

我们需要留心"主动行为"（action）这个词的后缀-ion，-ion本身指的就是行动的过程与结果。此处的"主动行为"指的是大城市对腹地施加影响的行为，即都市（urbs）对乡村（ager）施加影响的行为。世上没有不扎根于某种文化的文明，但若没有舰队和野心，没有梦想和能动性，文化也变不成文明。从这个意义上而言，伯里克利①所处的时代还只有文化，而亚历山大大帝②则处于古希腊世界的文明时期。两者之间存在过一个小帝国，即亚历山大大帝的父亲腓力二世建立的马其顿王国。英国的清教主义本属地方文化的范畴，在横跨大西洋时播下了文明的种子；而美国的新新教主义（néoprotestantisme）反向穿越大西洋，将美国化延伸到非洲大陆。总而言之，一条根只有让自己长出翅膀，才能在墙外建立起自己的居所，而这对翅膀是不会自己长出来的。

---

① 伯里克利（约前495—前429），古希腊雅典政治家，民主派首领，连续15年当选雅典首席将军（前443—前429），任内实行民主改革，开创了雅典的"黄金时代"。

② 亚历山大大帝（前356—前323），马其顿王国国王（前336—前323），军事家、政治家，曾远征东方，建立了亚历山大帝国，逝世后帝国迅即瓦解，随之形成一批"希腊化"国家。

一种语言，一种宗教，或两者一起，可以打造出一座四周设防且坚固持久的营地，希伯来语和犹太教即如此。打造一个文明要求的东西更多，它还需要一个帝国（阿拔斯王朝①、加洛林王朝②、西班牙帝国、大英帝国、美利坚帝国……）。所谓帝国就是军队，所谓军队就意味着战争和征服。为了存活或重生，本土文化有时也要拿起武器，但这种战争是迫不得已的，是防御或是解放。文明则是主动选择战争，或侵略或殖民。没有重装步兵就没有古希腊文明，没有骑兵就没有伊斯兰文明，没有圣殿骑士就没有基督教文明，没有土耳其近卫军也就没有奥斯曼文明。多么可笑的悖论：文明的洗礼池中总有大摊大摊的鲜血，总会出现圣巴托洛缪大屠杀③。少了这些，文明就不复文明。同其他文明一样，在种族灭绝这个问题上，基督教文明也面临选择困境：十字军东征时对耶路撒冷人（1099年）和阿尔比派④教徒（1209年）的屠戮，16世纪中期对哥伦布

---

① 阿拔斯王朝，阿拉伯帝国第二个世袭王朝，中国史籍中称之为"黑衣大食"。在该王朝统治时期，伊斯兰教世界达到了极盛。

② 加洛林王朝，法兰克王国王朝，建立于751年，在查理大帝在位时（768—814）达到鼎盛，称"查理曼帝国"，843年发生分裂，其统治在法国一直延续至987年。

③ 圣巴托洛缪大屠杀，法国胡格诺战争期间天主教派向新教徒胡格诺派发动的大屠杀事件，发生于1572年8月23日夜至次日凌晨，因24日为圣巴托洛缪节，故名。

④ 阿尔比派，中世纪西欧反对正统基督教的一个派别，是清洁派的一支，因12—13世纪流行于法国南部图卢兹的阿尔比城而得名。

发现新大陆前就已生活在那里的土著人的灭杀，以及300年后对美洲印第安人的灭绝暴行。两手干净的文明传播者是不存在的，每个文明背后都有一段黑历史。封建时代结束后，只要配备了大炮和中央集权的君主制（如法国的法兰西斯一世①），一个地区的方言就有可能成为官方语言；而地图（文明的印记之一）的发明者早晚需要三列桨座战船、炮舰或航母，只是他们的目的不是靠岸，而是在别人的岸边安营扎寨。花费极大，需要征收赋税、开放港口、栽种树木、聘用工程师，还得为骑兵队招募马蹄铁匠。

"帝国文明"是一个赘词。正如帝国是多种族的，壮年时期的文明聚集了各种人才，让多种文化成为其卫星，充当它的飞地、前哨或驿站：尼泊尔和印度尼西亚不是印度，越南和蒙古并不是中国，而意大利、法国或墨西哥也并不姓"美"。意式西部片是升级版的美式西部片，法式党内初选是廉价版的美式党内初选，而我们的"众筹"（人均7500欧元的晚餐）是打折版的美式募捐活动。模子的大小是可以调节的，每个合作伙伴自有其测量刻度。一团星云中不会只有一颗星星。

在这方面，美国模式因其在实力和形态层面的投射

---

① 法兰西斯一世（1494—1547），法国国王（1515—1547）。在位时对内实行专制主义，加强中央集权；对外进行意大利战争，与神圣罗马帝国作战；同时支持文艺创作，将起源于意大利的文艺复兴传播到法国。

能力而成为典范，除了其最亲近的家族圈（包括英国、澳大利亚、新西兰、加拿大和美国，这些国家相互抱有绝对信任，团结为统一的秘密情报机构"五眼联盟"①）之外，这个投射中心呈辐射状向四面八方延展，在五大洲均有桥头堡，将世界连在一起，将无数新建或翻新的特大城市——地球村中数量众多的自由港或保留区，比如东京、新加坡、迪拜、特拉维夫、拉各斯、利马等变为其耳目。除了这些沿海文明大都市，还有一些或海拔更高或地处内陆的文化城市，如京都、吉隆坡、麦加、耶路撒冷、江户、库斯科……具有世界性的地方需要地方色彩。如果一种文明包含多重元素，那么这些元素既不是克隆的产物，也不是乏味的复制品。当文明进入壮年期的时候，它就如同一门屈折语，所有外来人口都可以只通过改变词尾并加连词符来称呼，而不必放下属于他们自己的行装，如Italo-Américain（意大利裔美国人）、Afro-Américain（非洲裔美国人）、Sino-Américain（华裔美国人），等等。要让本土形象变得有国际范儿，当下的用语可谓形式多样，有阿拉伯版（阿布扎比）——alcool-free（不含酒精）和奢华生活，以色列版（特拉维夫）——high-tech（高科技）和态度强硬，中国-亚洲版（上海）——crowded（人潮涌动）和有序，拉

---

① 五眼联盟，由5个英语国家组成的情报共享机构，1946年由英美两国发起，加拿大、澳大利亚、新西兰随后加入。

美版（巴拿马）——borderline（边界线）和无序，以及非洲版（约翰内斯堡）——crazy（疯狂）和拥挤。一个个孤岛被商业和贸易串联在一起，形成了一个统一的群岛。但一个经济体永远无法仅凭经济实力就创造出一种文明，所以它必须满足一定的条件，诸如要有一个电影节、一个当代艺术博物馆、一个艺术年展、一个经济论坛、一些了不起的建筑（最高的塔、最长的桥，等等）、几座购物中心和六星级豪华饭店。阿拉伯联合酋长国在过去30多年里几乎达成了以上所有条件，只有一项未完成：love parade（爱之大游行）①。

我们再来看看核心部分——辐射作用的根基——军事力量。这是个必要条件，但光有这一条件是不够的，还必须设立假想敌以鼓舞军心，增建仓库以填饱肚子，增强精神权威以主导思想。如果没有一套具有象征意义的规则得以传播，仅仅靠拼凑组成整体，那么通过军事力量或金融力量，或者同时以两种力量进行的强力行动只会显得苍白无力。"帝国"这道公式，应该是亚里士多德加亚历山大大帝，托马斯·阿奎那加路易九世，笛卡儿加路易十四，亚当·斯密加海军上将纳尔逊②，基辛格加威斯特摩兰将

---

① love parade（爱之大游行），全球最大的电音舞会与游行，最早于1989年在柏林举行，以音乐与舞蹈表达爱与和平的主题。
② 霍雷肖·纳尔逊（1758—1805），英国海军上将，被誉为"英国皇家海军之魂"。

军[1]；应该是一种思想加上一道打击的力量。假使阿提拉[2]在其行装中装了位哲学家，那么绿草将在他扫荡过后的土地上重新冒出新芽。为什么仅凭闪电般的侵袭不足以开垦田畦？因为匈人、蒙古人和鞑靼人更擅长驰骋于空间而不是穿越时间，后者需要他们在长矛和马匹之外带上一把鲁特琴，征调艺术家、建筑师、作家、音乐家或园艺师。苏联红军打败纳粹，赢得了第二次世界大战，但赢得了之后的和平时光的却是美国。1945年后，苏联在东欧和中亚布满了守卫部队和导弹，但并未创造出一个能够战胜地方保守势力的文明，因为其中缺少了尼龙袜、口香糖和热狗，还少了格蕾丝·凯莉[3]和杰克逊·波洛克[4]。不久之后，美国在军火方面做得更多也更好。尽管它在五大洲共设立了2000个军事设施，但如果没有分布在119个国家的35000家麦当劳（在法国就有1500家店）和它那种十分适合机器翻译的语言，没有吉列刮胡刀、萨克斯演奏家莱斯特·杨"爵士总统"的密纹唱片和玛丽莲·梦露的性感衣裙，就没有今天的美国文明。全副武装只是计划的二分之一，重视导弹也

---

[1] 威廉·威斯特摩兰（1914—2005），越南战争期间美军驻越南总司令，美国西点军校最年轻的校长。

[2] 阿提拉（约406—453），古代亚欧大陆匈人的领袖，被称为"上帝之鞭"。在西欧，他被视为残暴及抢夺的象征。

[3] 格蕾丝·凯莉（1929—1982），美国电影演员，摩纳哥王妃。

[4] 杰克逊·波洛克（1912—1956），美国艺术家，抽象表现主义运动的主要代表人物。

要重视刺刀。令人向往的生活方式不应是抑制性的，而应该是创造性的，它应在人心中刻下印记。斯达汉诺夫①不同于比尔·盖茨。你可以给他人制造痛苦，但首先得让人高兴，给人以享受。总而言之，征服之后能够产生影响，而这种影响又能长留于人心，这样一来霸权才能得到建立。

根据工业或财富状况来评判一种文明的生命力，这是经济学意义上的目光短浅。美国已进入去工业化时代，贸易赤字加重，社会不平等现象增多，然而其影响力和其军事力量一样，并没有受到削弱。可以预期，20世纪不会是最后一个能与一个国家的名字捆绑在一起的世纪。美国远超他国的物质资源和精神财富一点儿都未消失，其军事力量和爱国信念也丝毫没有衰退，它们使美国文明韧性十足，甚至可使它重回巅峰。财富并不一定能够带来统治地位，1945年，美国的国民生产总值占全球财富的一半以上，但美国文明当时并未像今天这样重塑世界上的其他文化。20世纪是美国的世纪，不过，黄金时代以后，到来的将是白银时代。

我们或许需要评估宗教在对外扩张中发挥的作用。

---

① 阿历克塞·斯达汉诺夫（1906—1977），苏联采煤工人，列宁勋章和红旗勋章获得者，曾在6小时内采煤102吨，超过普通采煤定额13倍。《真理报》报道了他的事迹后，在联共（布）中央的号召下，苏联发起了"斯达汉诺夫运动"，广大劳动者纷纷以斯达汉诺夫为榜样，鼓足干劲，投身于社会主义建设中。

昔日的法兰西帝国在其殖民地大力推动天主教传教会的发展，西班牙帝国在美洲做过同样的事。英帝国则推行英国国教（圣公会），沙皇俄国推行东正教。轮到美国时，它以各类新型新教派别为中继站（其中甚至包括摩门教、基督复临会、耶和华见证会等邪教组织），将新新教主义传播至全世界，渗透进非洲和亚洲。那些新设立的教派对美国而言具有防守和进攻的双重战略意义，既扮演文明边境的守卫（比如在波兰、希腊、亚美尼亚），又充当冲锋陷阵的前哨士兵（比如在利比里亚、塞内加尔、印度）。它们只要求教徒践行宗教仪式，并不要求形式上的效忠。尼日尔或法国欧贝维利耶镇的五旬节教派信徒不会对着星条旗宣誓，但他们不知不觉中遵循着1906年诞生于加利福尼亚的一种生活和思维方式，而这种方式本身又源自18世纪的英国卫理公会。可以肯定的是，对独一无二的上帝的崇拜，就如上了发条的猛虎，大大有利于对外输出，因为皈依和布道对它们而言是同体的。一个人不会变成印度教徒，因为是不是印度教徒，一出生就已成定局。萨满教势单力薄，只留存在西伯利亚地区和北美印第安苏族人部落保护地。但任何人在任何地方都可以变成基督徒或穆斯林。历经数个世纪的传教，可萨人①和埃塞俄比亚人终于改宗，犹太教于是退出了

---

① 可萨人，西突厥的一个部落，半定居在东欧大平原至北高加索的区域，曾在中世纪初期建立可萨帝国。

角逐。它的两条一神论根蘖及其所有变种，都用狂热的宗教参与取代具有羞辱性的效忠。普世宗教对领土收复、拯救国家、发展自身文化和毁灭其他文化都有利。

一个帝国，当它不再需要以帝国主义的姿态留下自己的烙印，不再需要用空降宪兵来影响事物的进程，不再需要靠拍案而起以吸引注意力时，才可以算是取得了胜利。当文明不再是"一种"文明，而是带有特指意义的"那个"文明，它的语言成了通用语，它的货币成为通用货币时，它才可以认为自己取得了胜利。当它待在自己家里悠闲度日却从不停止对外辐射影响力，当接受了它的怪癖、习惯和标准的异族人甚至没有意识到自己实际上是在剪切和粘贴另一个民族的习俗，当发号施令者无须再发号施令，它才可以认为自己取得了胜利。当它造就的一切成为自然，当它无须琢磨如何让别人接受其习俗、如何让别人尊重其规则时，这种文明就获得了胜利。

用哲学家的话来说就是"当个别现象成了普遍现象时"；用社会学家的话来说就是"当主导权变成霸权时"。简单地说就是：当理性讨论的空间不复存在时，当本书都显得有点可疑时，这种文明才可以说取得了胜利。

第二章

欧洲是何时停止创造文明的？

大致从1919年开始到1996年结束，有两部重要的著作出版，成为那个短短的时期的见证，它们是法国人保尔·瓦莱里的《精神的危机》和美国人塞缪尔·亨廷顿的《文明的冲突》。这两位观察家就同样的问题观点相左，这不仅仅是范式的变化，简直就是一场天文学革命。在这两个年份之间，地球和太阳互换了位置。

1919年，巴黎，保尔·瓦莱里在《新法兰西评论》上以《精神的危机》为标题，连续用两封信，对人类的各种文明进行了展望，将法国、英国、俄罗斯排在埃兰[①]、尼尼微[②]、巴比伦前面，他开始审视"欧洲的哈姆雷特难题"[③]，并对欧洲的前途充满疑虑。"欧洲将来会变成它**现在实际上的样子**，即亚洲大陆的一个小小海角吗？或者说欧洲将成为它**看起来的那个样子**，即大地珍贵的一部分，地球上的珍珠，巨人的大脑？"在各种令人惊奇的问题中，他注意到，英伦诸岛狭小，处于它们桎梏下的各殖民地却极为辽阔，形成了强烈的反差。更宽泛地讲，是中心地区与周边地区之间的差距极大。他预言，两者之间的平衡将因**内部关系的逐渐变化**而被打破。这位战争部的前编辑一扫坊间善意的谎言，如"文化间的对话"或"国际共

---

① 埃兰，西亚古国，在今伊朗胡齐斯坦省，公元前3000年左右形成国家，首都苏萨，文化多受两河流域影响，公元前7—前6世纪先后沦为亚述和波斯属地。

② 尼尼微，古代亚述帝国都城，位于底格里斯河上游东岸（今伊拉克摩苏尔对岸）。

③ 《哈姆雷特》中有一名句："生存还是毁灭，这是个问题。"此处指攸关欧洲前途的问题。

同体",直奔主题:"地球熙熙攘攘,其状态是由地球表面
人类居住地区之间的不平等体系决定的。"时至今日,这套
不平等体系仍偏向欧洲人,但不久后这种情况将发生改变。
我们将很快从前台谢幕,某种关乎人类的观念亦然。

"我们这些文明,现在知道自己终将湮灭。"这句
预示死亡的开场白,为所有不同主题的作业准备了完美的
开头。巴黎政治学院的两三代学生已从中受益。人们在过
去可能会认为,这种陈词滥调恐怕找不到比这更好的归宿
了。总有人喜欢在自己写得稀烂的作品里引用佳作作者的
名字,这些糟糕的作品就如刺耳的乐声,需要已然仙逝的
佳作作者的遗音来弥补(还好他们在世时不知道自己的字
句会被如此引用)。一切都让人厌烦,一切都已成过往,
一切都一团糟——但这有什么关系,诗人先生!过去我
错了,我也不是唯一犯错的人。我错在没有追读下文,也
没有认真地阅读您的论述,这本可以让我们免遭痛苦和幻
灭,今天依然如此。1919年的这篇总结词与无数次听到的
"夫人快死了,夫人过世了"①毫无关系,人们都差点以
为这段文笔夸张的悼词出自某位第三共和国的博絮埃(这

---

① 引自博絮埃(1627—1704)在英格兰公主亨利埃塔·安妮(1644—1670)
葬礼上的悼词。此句名言常被法国人引用,用于表达对美好事物消逝的哀
叹。博絮埃是法国作家与演说家,曾任主教和宫廷教师,著有140余篇说
教词。亨利埃塔·安妮是流亡法国的英国公主,英王查理一世之女、奥尔良
公爵菲利普一世之妻,外号"夫人"。

正是瓦莱里给自己取的外号，用以自嘲）之手。他振聋发聩，论述精确，有先见之明。瓦莱里憎恶民族主义，他的文章首先发表在伦敦的一本英文杂志《雅典娜神庙》上。这是一个纯正的、无可置疑的欧洲人，对战败的德国没有一句微词，也丝毫不恭维协约国（他知道它们其实也已千疮百孔）。大家都在同一条船上，只是所选的水道不为大多数人所知（阿尔贝·德芒戎和德里厄·拉罗谢尔除外。前者是名不见经传的地理学家，1920年出版过《欧洲的衰落》；后者是生活不幸的作家，1922年出版过《法国的地位》）。

我们在背诵瓦莱里的这句名言之前，需要看仔细一些。首先，文明（civilisations）这个词是以复数形式出现，且不大写。从19世纪以来的铁路时代往前追溯，有作为高级阶段的"文明时代"、作为低级阶段的"未开化时代"以及作为更低级阶段的"野蛮时代"。在此，各阶段是互有交集的，朝前迈步并不意味着无法回头，每个文明人的身体里都蛰伏着一个野蛮人。所以，我们得保持微笑，这家名为"人类"的大商店里有不止一件货品。谢天谢地！修整复出皆有时。一种文明的冬天不过是另一种文明的春天。还是沉着些吧！其次，让人感到惊诧的不是文明之必死（谁哪天不会死呢？），而是意识到文明竟有必死的属性。那些来了又去的文明在壮年时期自然会以为自己比其他文明优越，永远不会被超越。只有到了衰退期那回光返照的清醒时刻，历史与过往一幕幕浮现在眼前，它才会意识到自己即将交班。人们常以"没落"一词错误地贬低这一时刻。这种在时间长河中的重新定位使我们当下的生活显得更加珍贵和充实。让我们擦干眼泪。最后，最值得称赞的词汇是"现在"。1919年，法国举国同庆，因为它赢得了第一次世界大战的胜利。那时候，它的军队是世界上最强大的，五大洲都有它的殖民地，它的语言发展到顶峰，它拥有完备的工农业体系。美国第一次干预欧洲事务就发生在1919年，但除了军事层面的短暂影响外，没有掀起更多的涟漪。在凡尔赛召开的巴黎和会重新调整了世界格局，操纵局势的四大强国中有三个出自欧洲（英国、法国和意大利）。在春风得意、无忧无虑的年代揭露老年斑业已出现的事实，这是极为鲁莽的行为。没有什么比追随时代的真实脉动更冒险的了，不如在时代的谎言里苟图衣食，心甘情愿地受骗。

这位披着诗人外衣的社会展望家以惊人的方式击碎梦境。他对历史学科充满轻蔑，称其为"可怜的臆测性小学科"。他运用与众不同的方法去揭露所处时代的各种圈套。难道不应该无视每天发生的小争端，去抓住大千世界中的主线？他对自家的家长里短无动于衷，却纵横欧洲市井、与各国使馆保持密切关系。胜利之风永远不会让这个与世俗格格不入之人昏头，他描述了即将发生的一切，却不会指示任何人做什么——丝毫没有那种冗长说教。瓦莱里总是走在正在发生的事情前面。自1897年起，他就开始阐述德国如何以及为什么在欧洲获取了新的优势。他告诉英国朋友们，德国的这种优势地位将使他们陷入困境。恰恰是这两个帝国主义国家，而不是民族主义国家之间的对抗在此后引发了第一次世界大战（那些对前"法德联姻"满怀热忱的媒人都该了解一下他的这一番分析）。他在1931年发表了《注目当下的世界》，岁月的流淌反倒使这篇文章愈发具有现实意义。它发现了正在运作的全球化机制，揭示了全球化会带来各国之间的相互依存。在发表《注目当下的世界》以前，瓦莱里还写过另一篇文章，题为《征服全在性》。他在这篇发表于1928年的文章中预见到电视将进入每个家庭，"让人们在家即可了解时事的新闻分销公司"即将出现；他已经注意到非常普遍的"换频道"现象所带来的不利影响："人们的眼球从此只会被罪案、灾难吸引"；他指出"各国间不断增长的技术平等化"（核恐怖平衡、数字化技术和网络空间都证实了这一点）将世界角斗场中强者和弱者都置于均等的地位。这就是"均等化定理"。随着"通信手段的迅猛发展"，他预感到会出现"一项出人意料的发明，它将彻底改变经济和军事形势"——那就是爆炸在广岛的原子弹。他预测到天平将倾向太平洋地区，世界的"轴心"也将转向这片充满前景的大洋。他预感到"世界格局的平衡极不稳定"，且"发生冲突的可能性激增"。他预言的正是第二次世界大战。瓦莱里没有社会学家的头衔，但预测到了这些意外，并指出"欧洲显然憧憬着一个美式委员会来管理它，所以它的政策都往那个方向去"（《欧洲盛衰笔记》）。我们得承认这个人嗅觉灵敏。

　　他所说的欧洲无疑不是我们所看到的欧洲。在他眼里，欧洲的各民族全都受到三种影响：罗马的政体和法律；基督教带来的个人意识和个人尊严理念；最后，最重要的影响来自希腊，它"使我们彻底区别于其他地区的人类"，因为它通过公理和定律，赐予了我们唯一的和真正的普遍概念——纯正的科学。结果是："到处都听得到恺撒、屋大维①、图拉真②和维吉尔③的名字，到处都听得到摩西和圣保罗的名字，到处都听得到亚里士多德、柏拉图和欧几里得的名字。这些名字有着一个共同的含义及权威，那就是欧洲。"在这份简历上还应该添加些什么呢？

---

① 屋大维（前63—14），即盖约·屋大维，尊称"奥古斯都"，恺撒的义子与继承人，罗马帝国的创建者与第一代皇帝（前27—14）。

② 图拉真（53—117），罗马帝国皇帝，罗马五贤帝之一，罗马帝国在他统治期间达到鼎盛。

③ 维吉尔（前70—前19），古罗马诗人，其诗作歌颂罗马的历史，颂扬奥古斯都的统治，并对欧洲文艺复兴和古典主义时期的文学产生了较大影响，代表作有《埃涅阿斯纪》《牧歌》等。

波斯（爱与恶的对立）、凯尔特（大自然母亲的魔法）、阿拉伯（数字）以及启蒙运动（批判视角）的影响。事实证明，这类影响远远超过欧元区。这位名为瓦莱里的年老朝圣者为了赋予一个地理名词以精神内涵，做了大量工作，他对这段旅程的总结是："欧洲的思想中将丧失长远策略。"半个多世纪之后，我们只能承认他说的有道理，不禁哽咽。到他的家乡赛特市的海滨墓园，在他的墓前鞠躬敬礼，我们会读到刻在他墓碑上的碑文："啊，历经深思终得回报／久久地望着天神的宁静。"[1]

关于"精神"这个词，瓦莱里给它的定义与"艺术家、诗人和女人"给它的定义不同。它既不是超自然的实体，也不指向理性，它介于灵魂（anima）与意识（animus）之间。精神是**一种变革的力量**，蕴含一定的能量，是心理学和热力学的结合。一种发展中的文明会根据自己的形象改变周围的环境，而当它开始被他者创造的作风、激情、习俗改变时，它就会退化为一种文化。当一个社会感化少于被感化、少了独创性而多了接收性、少了被仿效而多了仿效时，它与周围环境的交流就会产生逆差，生命的倒计时就此启动，对其寿命的预测也就开始了。

最意味深长的是，我们这位临床医生几乎不曾提及

---

[1] 引自瓦莱里的名诗《海滨墓园》。

"西方"这一概念（瓦莱里后来只在给一位中国诗人作序时用到过它）。他预感到有一块石头即将沉入水中，这块石头只有一个名字，那就是欧洲。在西方，他看不到还有哪个名字比它更具典范性，只有它有资格声称自己代表了年岁和智慧都在增长的人类迄今为止所达到的最高文明程度。随着年岁和智慧的增长，我们的孩子也有了自己的孩子，即"一个由欧洲演变发展而来的国家"，一个尽管刚刚起步却大有希望的"投影"。它远远出现的身影让忧心忡忡的欧洲人放下心来，好似找到了救生艇或备用轮胎——那就是美国。1939年，纳粹入侵的前夜，美国发放的"海关通行证"就是证明。瓦莱里将美国看作我们现在所谓的"应急避难安全屋"（这是豪宅中用护板加固的房间，有不法分子入侵时，房主可以在此躲避，等待救援）。我们的确应该感谢美国人离开了自己的大岛，前来寻找我们的一些宝藏并加以妥善保管。瓦里安·弗莱①是此番行动的先驱，他让安德烈·布勒东②、马克斯·恩斯特③、

---

① 瓦里安·弗莱（1907—1967），美国记者，在1940—1941年间曾帮助许多反纳粹人士逃离法国。

② 安德烈·布勒东（1896—1966），法国作家，超现实主义代表作家之一，先后三次发表《超现实主义宣言》，代表作有《娜嘉》《钟里的灯》《傅立叶颂》等。

③ 马克斯·恩斯特（1891—1976），德裔法国画家、雕塑家，被誉为"超现实主义的达·芬奇"，在达达运动和超现实主义艺术中均居于主导地位。

克洛德·列维–斯特劳斯、维克多·塞尔日[1]、安娜·西格斯[2]和其他人在马赛登上我们的挪亚方舟。但忘恩负义的卑鄙法国，在幸存下来之后，居然没有任何以这位英雄的名字命名的街道、博物馆或图书馆。

在战前那些沉着稳重的非激进思想家眼中，世界地图就是如此绘制的。德国人埃德蒙德·胡塞尔[3]就是另一个重要的范例。他所持的观点与瓦莱里相同。在1935年维也纳的那场著名的讲座上，他作了题为《欧洲人的危机与哲学》的报告。这位现象学创始人的言论里并没有令人厌恶的种族优越感，这是因为他为"欧洲"这个概念添加了一层超越论层面的含义。为了描绘历史未来的面貌，他扎根于事实性实在中，但在广度和深度上超越了实在的边界。和瓦莱里一样，胡塞尔毫不怀疑欧洲和它的分支机构美国在本质上是一致的。他写道："精神意义上的欧洲显然囊括了英联邦的自治领、美国，等等。""等等"中有南非、澳大利亚和新西兰，它们处于同一水平，属于相同的类型。如果告诉我们这两位伟大的先人——他们可能从未听说

---

[1] 维克多·塞尔日（1890—1947），比利时无政府主义作家、革命家，反对法西斯主义。

[2] 安娜·西格斯（1900—1983），德国作家，以描述二战时期的道德体验而知名，著有长篇小说《第七个十字架》《死者青春常在》等。

[3] 埃德蒙德·胡塞尔（1859—1938），德国哲学家，现象学的奠基人。

过（为他们感到遗憾）约翰·福特①和路易斯·阿姆斯特朗②，没跳过狐步舞，没坐过别克或雪佛兰汽车，也没买过胜家牌缝纫机——20年后，欧洲自己也将沦为他国的自治领时，他们一定会十分震惊：内部维持自治，主权却委托于他国。然而，他们对美国的行为采取了"善意忽视"的态度，没有丝毫的反感。当时许多法国思想家的态度则完全不同，其中包括夏尔·莫拉斯③、约瑟夫·凯塞尔、乔治·杜阿梅尔、贝特朗·德·儒弗内尔，他们蔑视、小看这个"物质世界的巨人，精神领域的矮子"。极右翼阵营的态度则不是讥笑，而是排斥与恐惧，新秩序党、青年欧洲运动以及那些"保守主义革命者"都属于这一阵营。伊萨克·卡德米–科恩1930年发表了《可憎的美国》，罗贝尔·阿隆和阿尔诺·当迪厄1931年发表了《美国毒瘤》，达尼埃尔·罗普斯1934年发表了《幸运线》，他们都指出："机械化的结果就是消除人身上表明其独特性的一切。"不过，我们那两位地缘政治家（瓦莱里和胡塞尔）对所有的价值判断都保持警惕，反抗"理性主义缺陷"和

①　约翰·福特（1894—1973），美国电影导演，因执导西部片而闻名于世，曾四度获奥斯卡最佳导演奖。
②　路易斯·阿姆斯特朗（1901—1971），美国著名爵士乐歌手。
③　夏尔·莫拉斯（1868—1952），法国作家，极端民族主义者、反犹主义者，反对共和制，主张在法国建立法西斯统治，第二次世界大战期间投靠维希傀儡政府，著有《哲学家之路》《野蛮与诗歌》等。

"机械化入侵"的圣战并不是这两位智者喜爱的话题。在他们看来，美国跟欧洲一样有思想，原因很简单，大家本是同根生。因此，美国对他们而言就像是城郊的住宅区，没有必要专门绕道前去拜访。待在自己的一亩三分地，既没有什么重大损失，又不浪费时间。瓦莱里、胡塞尔和毕加索永远不会去美国，他们属于最后一批可以代表欧洲的人。生活在彼时的欧洲的他们，虽然一次都未曾踏足美国，却依然能做到在家有名声、在外有声望（这要是放在今天，无异于自杀，因为当今那些想要争夺阳光下地盘的人，已不再将欧洲的里维埃拉①作为其热土，美国的阳光地带②已取而代之）。

　　我们甚至想把美国前国务卿迪安·腊斯克③的警告吹回去，像风一般吹入这两位卡珊德拉④式人物的耳中："假如你们不关注城郊，那里不日将变成市中心。"永远不要低估新大陆的追随者和孩子们，我们的祖先错估了新大陆的野心。它是《旧约》之子。当年的希伯来先人在逃离埃及后建立了旧以色列，而美国则是清教徒逃离英格兰王国

---

① 里维埃拉，指法国南部、意大利西北部的地中海沿岸地区。
② 阳光地带，指美国南部的新兴工业区。
③ 迪安·腊斯克（1909—1994），美国外交家，强硬的鹰派人物，1961年至1968年任国务卿，任内竭力鼓吹发动越南战争。
④ 卡珊德拉，希腊神话中特洛伊的公主、阿波罗的祭司，能预卜凶吉，但因拒绝阿波罗的求爱而受诅咒，无人相信她的预言。后用于指预言虽准但不见信于人者。

后建立的"新以色列"。对他们而言，欧洲是罪恶之地，而对待罪恶之地，必须万般敌对。

*

1993年，以《文明的冲突？》为标题，亨廷顿教授为华盛顿《外交》杂志撰写了一篇文章，分析世界格局——"世界依照文明断层线分成几大地缘政治板块"。作者在此基础上又添加了他对"昨日和今日的文明"、文明的总体策略以及西方与世界其他国家的关系的思考，将文章扩展成书，引起热烈反响，成为1996年的世界畅销书，并因"9·11"事件再添热度。书籍的标题与原文章相比增加了几个字："与世界秩序的重建"。书中回顾了各文明的历史，开出一张处方：西方须得扎紧军服，以威慑围攻它的妒忌者。

这一大胆立论的地缘政治理论已遭到很多人的反对，其理论建构略显粗糙，且夹带些许私货（例如将西方的天主教-新教文明集团与东方的东正教文明相对立）。对于这一点，我们无须再进行赘述。尽管如此，还是让我们先抛开那些针对亨廷顿理论中的好战主义、帝国主义和殖民主义倾向的控诉。想要说服西方俱乐部的元老，告诉他们还有其他文明存在于他们的文明之外——这种做法无可指责。这也许能让他们从此不再说出和写出"The West and the Rest"（西方和其他地方）这样的东西来——这是五角大楼备忘录中的常用语。提醒我们的领事们，"其他地方"不是粗制滥造的大杂烩，也并不像地狱般恐怖，那里的人们有权信奉自己的神明和圣物——这样的尝试应该受到欢迎。这幅颜色单调均匀的巨型画作也许应该稍加润色，可又有哪部鸿篇巨制不存在这样或那样的漏洞呢？我们当然可以指出苏里南的存在，这个伊斯兰国家①地处信仰天主教的拉丁美洲，它的国民中有很多马来人和爪哇人，它的邻国圭亚那也加入了伊斯兰合作组织；我们还可以关注非洲最南端被称为布尔人的白种人族群。我们可以有意强调，相同的宗教身份并不能阻止武装冲突，骨肉相残的战争才是最残酷的战争，比如逊尼派穆斯林与什叶派穆斯林、天主教徒与新教徒的冲突，以及虽然都信仰东正教却互相争夺东方基督教主导权的希腊与俄罗斯神职人员。总而言之，我们可以挑衅般地指出，亨廷顿讲的都不对，却无法否认他的核心观点：当代的众多冲突，远远超出了经济利益和政治斗争的范畴，其背后实际上是存古因素在作怪。这或许能促使那些生于电视时代的统治者，在掺和到自己不了

---

① 狭义上的伊斯兰国家是指国民主要为穆斯林的国家，但在广义上，伊斯兰合作组织的所有成员国都可称为伊斯兰国家。虽然苏里南的穆斯林人口占比只有13%，低于基督徒（42%）和印度教徒（20%），但作为穆斯林人口最多的拉美国家，它于1996年加入了伊斯兰合作组织，故是广义上的伊斯兰国家。

解的事务中之前，先仔细地研究历史和地理。

亨廷顿忠于优良传统，沿用了传统的分类编目法，用类似于植物志的方式对过去与当下的文明进行了梳理。英国历史学家阿诺德·约瑟夫·汤因比[1]在历史长河中列出了20多种文明，其中19世纪的主要文明有5种（伊斯兰文明、中华文明、日本文明、印度文明和西方文明）。德国哲学家奥斯瓦尔德·斯宾格勒[2]则列出了8种，包括巴比伦文明、埃及文明、中华文明、印度文明、中美洲文明、希腊-罗马文明、阿拉伯文明和西方文明，并将它们归为3类：麻葛式、阿波罗式和浮士德式。费尔南·布罗代尔则识别出13种现存的大型文明，其中4种属欧洲文明（拉丁文明、希腊文明、北欧文明和俄罗斯文明）。亨廷顿做了最后的整理（此处的"最后"指历时性意义上的"最后"），将文明的数量定为7到8种：西方文明、拉美文明、伊斯兰文明、中华文明、印度文明、斯拉夫-东正教文明、日本文明和可能存在的非洲文明。欧洲文明消失不见，被一分为二，部分纳入"西方文明"当中。欧洲文明活跃的批评机器不再理睬瓦莱里（后者可能会笑对自己的名声在身后的

---

[1] 阿诺德·约瑟夫·汤因比（1889—1975），英国历史学家，历史形态学派主要代表，代表作有《历史研究》12卷。

[2] 奥斯瓦尔德·斯宾格勒（1880—1936），德国哲学家、历史学家，文化形态学的奠基人，代表作有《西方的没落》《普鲁士人民与社会主义》《抉择的时刻》等。

消亡），因为我们已经都知道，我们是注定要消亡的。

　　这个加速的过程还有其他显而易见的原因：时局的要求，用英语进行的交流，还有简单粗暴的美国式逻辑的加成。那些复杂的帝国都头脑简单。弱者纠缠不清，强者出手凶狠。它雷厉风行，一如恺撒的"我来，我见，我征服"。为什么要简洁？因为"所有简单的都是错误的，但所有不简单的都毫无用处"。正因为如此，简化我们世界观的东西，会比使我们的世界观变得复杂的东西传播得更远。这就是美国这一大西洋彼岸的"简化支部"的行事诀窍。它将欧洲学者们连篇累牍的无用著作简化重组，在全球传播。要不是架构如此粗枝大叶，它们又怎能被远远地看到？现在轮到我们这些无用的雄辩家去向伟大的传播者学习。我们应进行自我再教育，而不是总踮着小拇指去钻牛角尖，将简单问题复杂化。罗马人在学习希腊人的精致的同时，也懂得去除其珠灰色的矫饰、繁杂的点缀和过于细致的明暗变化。几何学是希腊人发明的，土地测量及估价则由罗马人开创。难道不应该一直尽力传播好消息吗？我们不也通过《新约》律法，极力简化教义，以更好地传达《旧约》律法的深刻内涵吗？《旧约》是否在人物、修辞、内涵等方面比我们随身携带的教理课本更丰富，上帝自有判断。如果弗朗西斯·福山①能让一个得克萨斯的石油巨头注意到某位名叫亚历山大·科耶夫②的人物的存在，如果亨廷顿能让一个纽约商人注意到布罗代尔，这不应是值得庆幸的事吗？少写几行字换来受众圈子的扩大是值得的。

我们可不要落伍了，别把高级食品杂货店跟大型超市对立起来。困扰我们的是，在谈及这个问题时，瓦莱里已被自己人忘记，包括在法国。我们就这个热门的主题组织研讨会，写各种文章，开展辩论和论战，支持或反对亨廷顿的观点。亨廷顿的文章被欧洲诸国大量引用，这背后是一个实体向另一个实体施加的作用力，即我们所谓的影响力。每个人都更愿意引用约瑟夫·奈③的"软实力"概念，而不是葛兰西④的霸权理论，尽管后者的内容更为翔实。在巴黎的左岸，一提起"历史的终结"这一经典论断，人们马上就会想到福山。而科耶夫，巴黎的这位俄裔哲学家，曾在战前举办的黑格尔《精神现象学》研讨会（出席的

---

① 弗朗西斯·福山（1952—   ），日裔美籍学者。哈佛大学政治学博士，约翰斯·霍普金斯大学教授，曾师从塞缪尔·亨廷顿，凭处女作《历史的终结及最后之人》一举成名。

② 亚历山大·科耶夫（1902—1968），俄裔法籍哲学家、外交家，存在主义的新黑格尔主义的代表，提出"历史的终结不是在未来，而是在过去"。

③ 约瑟夫·奈（1937—   ），美国国际政治学者，哈佛大学教授，国际关系理论中新自由主义学派的代表人物，最早提出"软实力"概念。

④ 安东尼奥·葛兰西（1891—1937），意大利共产党的创始人和领导人之一，20世纪著名的马克思主义理论家。他创立的"文化霸权"理论对后世影响深远。

人有阿隆、巴塔耶[①]、拉康[②]、格诺[③]等）上首次提出该论
断，现在却从人们的视线中消失了。福山或许并不像他的
一位刻薄挑剔的同行所言，"是一位供被迪士尼宠坏了的
孩子阅读的黑格尔"，但总的来说，他的书更浅显易懂。
我们的标准如今已经变成：宁要依靠营销发家的二手货，
也不要流传不广的原创思想。到底发生了什么，让酒店的
副楼变成了所有人追捧的豪华殿堂？让奥尔特加·伊·加
塞特[④]、萨尔瓦多·德·马达里亚加[⑤]、奥尔德斯·赫胥
黎[⑥]、奥斯瓦尔德·斯宾格勒、恩斯特-罗伯特·库尔提
乌斯[⑦]、夏尔-费迪南·拉穆兹[⑧]、罗曼·罗兰[⑨]、库尔齐
奥·马拉帕特[⑩]等名人在他们各自的国度不再被引用，不
再占据杂志页面，不再出现在部长和总统的笔端？让重量
级思想栖身于哈得孙河，而不再是泰晤士河、塞纳河或台

---

① 乔治·巴塔耶（1897—1962），法国评论家、思想家、小说家，著有《内在
　体验》等，他的思想是后现代主义的策源地之一。
② 雅克·拉康（1901—1981），法国作家、学者、精神分析学专家，用欧陆哲
　学重塑了弗洛伊德的精神分析理论，对二十世纪六七十年代的法国知识
　分子，尤其是研究后结构主义的学者影响很大。
③ 雷蒙·格诺（1903—1976），法国小说家、诗人、评论家、数学家，乌力波
　（潜在文学工场）团体的联合创始人。
④ 奥尔特加·伊·加塞特（1883—1955），西班牙哲学家。
⑤ 萨尔瓦多·德·马达里亚加（1886—1978），西班牙文学评论家、外交家。
⑥ 奥尔德斯·赫胥黎（1894—1963），英国作家，代表作有《美丽新世界》等。
⑦ 恩斯特-罗伯特·库尔提乌斯（1814—1896），德国历史学家。
⑧ 夏尔-费迪南·拉穆兹（1878—1947），瑞士作家。
⑨ 罗曼·罗兰（1866—1944），法国作家，诺贝尔文学奖得主。
⑩ 库尔齐奥·马拉帕特（1898—1957），意大利作家、记者。

伯河？我们必须承认：1900年，一个谈吐优雅的美国人会被认为是一个羁旅他国的欧洲人；而到了2000年，一个时髦的欧洲人会被认为是一个落魄的美国人，或者一个正等着拿签证去美国的人。

两者在依存关系中的位置发生了对调，但这一现象却被一件富有暗示意义的紫袍所掩盖。这件紫袍就是"西方"这一概念。这里的"西方"指涉的是欧洲–大西洋地区，一个疆域灵活而有弹性的"民主国家共同体"。它如同一个喷雾器，抚慰地位降低的一方，保护地位上升的一方，使之免受怨恨。好一个攻心手段：黑格尔告诉过我们，时代精神（Zeitgeist）是个滑头！从属关系在它面前自行烟消云散，隐匿起踪迹，因为大家都是同道中人，共同从事一项伟大的事业。"西方"这一概念带着光晕，神秘而富有诗意，但也有令人战栗、专横的一面，足以将其钉在耻辱柱上。例如所谓的北约（后来扩展到太平洋地区、中亚和中东地区），它与白宫联系紧密，仅听从白宫的调度指挥，尽管那个发号施令者已开始感到厌倦。"西方"有名而无实，既没有监督委员会，也没有组织结构图。它就像一个虚构的古老神话，至此恰当地履行了它的职责——给历史披上自然的外衣，给偶然披上必然的外衣。

*

　　2017年，地球人口过剩，单单亚洲，从阿富汗到日本这一区域的人口数量就已达到40亿，占世界人口的52%，创造的生产总值占全球的32%。看到这些，人们也许会耸耸肩。当醒来后的中国收购了我们的发电站和机场，当印度商人向我们的高炉厂家报出自己的名字，当穆罕默德的幽灵在我们的街道上漫步，当美国的政策变得摇摆不定，"西方阵营"里的这对欧美情侣中究竟谁占主导地位，这个问题似乎仅仅牵涉局部利益，且如今再回溯似乎为时已晚。这难道仅是联盟圈子里的一场争夺座次的争吵？抑或是陷入困境的一家跨国公司的股东间纠纷？火炬已然传递，权杖已然交接，学籍已然转入他校，这已不仅仅是自尊心的问题。美国已不知不觉地变成了"现代性"的专利所有人，成了游戏规则的制定者，给掉队者指出应该仿效何种生活、何类人以及如何才不会错失良机。通过国际准则，它要求新兴国家的人民不再追求欧洲化，而应该变得美国化。我们这些已被分化与驯服的欧洲人，将大是大非的仲裁权让予大西洋彼岸的法院，殊不知自己让渡的是整整一个掌控着人类生活方式的国际秘书处——我们由此将自己生活方式的选择权交予了他人。所谓的"人类领袖"，带有"模范"和"领导"的双重含义。现如今，这一称谓已经易手。

结果是：1919年，欧洲文明尚存，美国文化是它的变种；但到2017年，我们看到的只有美国文明，而欧洲各国的文化，好的情况下将成为它的变量参数，坏的情况下将被当作土著人的濒危遗产进行保护。

在棋盘上，这种情况叫作"王车易位"；而在战场上，这意味着失败。

第三章

法兰西何时成了文化？

如果说占支配地位的文明是一门屈折语（langue à flexion），那么处于被支配地位的文化就是一门被屈折语（langue infléchie）。法国不再是法语的乐土，因为浸淫于英语环境的"经济人"（Homo œconomicus）已统治了法国，他们搭上英语这班直达快车，将本国资本集团与美国国会山紧密地联系在一起。这不仅改变了城市的样貌，也改变了凡人们的思想。

　　"对人类来说，没有什么是永远不会失去的"[1]，爱
情是这样，文明也如此。亚洲一些小王国先是皈依印度
教，随后转而信奉伊斯兰教，如印度尼西亚和克什米尔地
区；或与之相反，由佛教改投印度教，如尼泊尔。为了生
存，也为了脸面，它们不得不悄悄地把自己的文化重新纳
入一个后来才出现、但更为广阔的生态系统中。文化的活
动范围仅限于四周设防的营地，它为此还需要同新的监护
人讨价还价。事实上，一种古老的文明在被一个更年轻、
更强势的主流文明支配之后，往往会将防线撤回至自己的
"民族认同"，建立起一道安全边界。它会陶醉于自己与
主流文明间的微小差异，赋予自己的图腾以独特风格，使
自己的口音夸张化。如今的法国似乎就遵循着这种生存逻
辑。阿斯泰利克斯[2]秀出他的肌肉，他的国度却在为自己语
言文字的拼写规则而忧虑，因为现如今，法语的拼写规则
已然崩坏，一个生活于2015年的中层管理人员家庭的孩子
所犯的拼写错误是1930年一个工人家庭孩子的五倍。"若

---

[1] 引自法国诗人路易·阿拉贡（1897—1982）的诗歌《世上没有幸福的爱情》。
[2] 阿斯泰利克斯，法国连环漫画《阿斯泰利克斯历险记》中的高卢传奇英雄。

不是你已离我而去，亲爱的，我既不会在我的讲台上，也不会在我的律法中，到处追寻你的足迹。若不是你的发言人词汇量不足两百，若不是我的总统每说两句话就必言'以确保'①，你觉得法国宪法还会在第二条中特别规定'共和国的官方语言为法语'吗？若此般臆想皆能成真，我也就不必再对你唉声叹气，也无须再闪烁前车灯，向你发出危险警告了。"

　　事实上，当蒙特利尔沦为一个与其他北美城市无异的城市时，魁北克地区便重新搬出了鸢尾花②以作对抗，投票通过了101法案，规定入境移民必须学习法语，并大力宣传它的"若阿尔法语"③、它的法语歌手和法语诗人。在另外一边，生活方式和消费方式都受其北方强大邻居影响的墨西哥，为了不变成美国的一个州，用大量的博物馆、玉米卷饼、查兰戈琴和画家弗里达·卡罗④来突出其阿兹特克文化特征。而在法兰西，狂人国主题公园⑤将一切展露无遗。

---

① 原文为"faire en sorte que"，这是一个在日常生活中被广泛使用的法语表达，用于引出行为的目的。在法国，演讲者若在正式讲话中过多使用日常语言，会被认为没有文采或缺乏文化修养。

② 鸢尾花，法国王室徽章上的图案，是法国的象征。

③ 若阿尔法语，加拿大魁北克一种流行于底层人民间的法语变种，其发音、语法等与标准法语略有出入，词汇深受英语影响。

④ 弗里达·卡罗（1907—1954），墨西哥画家，作品被卢浮宫收藏的第一位墨西哥画家。

⑤ 狂人国主题公园，法国著名的历史主题公园，园中每天上演复古演出，展现古罗马、维京时代、中世纪等历史时期的面貌。

我们虚构的共同体，面对令人扫兴的现实，杜撰出一系列故事，拿出它的传家宝，如凡尔赛宫、《天使爱美丽》中的勒比克街与小丘广场、修缮一新的古堡群、玛莱区①以及其他遗迹；还有电视相亲节目《爱在牧场》、罗克福羊乳蓝纹干酪和喜剧《小淘气尼古拉》；生活艺术、时装、美食、乡村；波尔多和勃艮第的美酒；乔治·布拉桑②明天就将回归，带着歌词优美的香颂，出现在地方电台中；虚拟式未完成过去时③将在佩里戈尔的知识精英④中大受欢迎。法式风情未来可期。

经济人

经济人的胜利是对新纪元特征的概括与总结。经济人有担当，光彩夺目，咄咄逼人，可以说，它就是美利坚共和政体的基础。但在法兰西共和国，它是派生的二手货，正在努力上台阶。修辞学王国日渐臣服于统计学帝国，以前的言语以动词为核心，如今的言语则以数字为核心。

---

① 玛莱区，巴黎市中心街区，画廊与时尚精品店云集，颇具艺术氛围。
② 乔治·布拉桑（1921—1981），法国著名歌手。
③ 虚拟式未完成过去时，法语时态，在当代法语中的使用频率极低，往往只有在年代久远且由知识精英写就的文本上才能见到。
④ 法国佩里戈尔地区因历史遗迹云集而拥有诸多历史考古协会，汇集了大批知识精英。

说起计数，通常是去数有多少头牲畜、多少株葡萄、多少个士兵。我们之所以有会计学，是因为畜牧和战争的需要，它可以追溯到新石器时代。数字化革命对所有数据都进行了二进制编码，这无疑为定量分析的质变性飞跃提供了巨大帮助。尽管数据与大数据在目前看来是打开"终极秘密"之门的钥匙，但我们仍应重新评估其前景。它不是一场政变，它摧毁的是整个国家政治体系。经济人废黜了"政治人"（Homo politicus），后者在过去的300年间掌管着我们的历史和小人物们的命运。而"政治人"本身就是靠在启蒙时代把"宗教人"（Homo religiosus）拉下马而上位的。基督教将宗教变为政治，法国大革命则使政治变为宗教，而现如今以财务掌天下的时代则使经济上升到具有政治和宗教双重特性的地位。这种融合值得重视。

我们称之为"暗度陈仓"：人们正庆祝"意识形态纷争的终结"，却发现经济至上主义已经取得胜利。经济至上主义是控制面最广的意识形态。中世纪的生活尚有一大部分不在神职人员和神权的控制之下，我们当下又有多少人可以摆脱账目数字呢？竞选活动已变为"数字技术团队"之间的战争，情感从此也成为一个季度性指标。根据民意调查机构"思考"公布的结果，法国2016年第四季度的幸福指数由5.9分上升至6分（满分为10分），其中持悲观态度的人群比例下降了0.3%，而"对未来5年生活感到满意"的人群比例上升了0.3%。悲伤也是有价的。袭击事件的间接受害者所经受的焦虑与等待都会由保险基金给予补偿，他们所受的精神创伤会按照与直接受害者关系的亲疏、情感连接的紧密程度或等待的时间长短等的比例，用金钱定价。情感参保人会把收益与每项损失关联起来："我担惊受怕，死亡让我忧虑不安，你们欠我太多了。"

有传言说当局会用金钱来激励去学校上课出勤的初中生，一些有远见的人也在考虑建立一个资助大众阅读的社团，以解决休闲阅读所遭遇的危机。现在，做什么事不是靠"写几个数字"呢？尽管这种说法不太恰当，但10个基本阿拉伯数字之于数据就如26个字母之于单词，数字在我们的时代已变得不可或缺。评价护工，看的是他们完成的工作数量；评价宪兵，看的是开出的违章罚款的数量；评价省长，看的是被遣返出境的人数；评价警察，看的是抓捕罪犯的数量；评价研究人员，看的是发表论文的数量（有句话叫"不发文就没门"）。正所谓"不喂牲畜，等着作古"，而"最多的就是最好的"。"最好"其实是个模糊的说法。书店畅销书清单充当了排行榜的角色，最好的排在上面，不好的排在下面。一本出版物从此不再需要通过读者在评价框中打钩或通过平等讨论来确定名次了，重印和被引用的次数将成为评价的依据。对于人文科学来说，用于资格评定的数据库可自动运作：它依据的是学者在各类（盎格鲁-撒克逊）杂志上发表文章的数量以及出现在引文索引中的次数。

"意识形态"是个新词，它由18世纪法国的观念论者首次提出。后来，马克思在他的理论中借用了这个词，提出意识形态是观念的集合，就像垒墙需要砖块、打果泥需要苹果一样。这一概念于是变得简明易懂，且拥有了坚实的理论基础。简单来说，意识形态是一种社会意识，在社会历史的发展中，其形态由社会存在决定。我们不需要在这个问题上花费太多脑筋，因为答案不言而喻，而且它涉及的也不是具体层面的社会现实。对路易九世而言，基督教圣物比劳动者使用的镰刀和锤头更重要，因为在13世纪时，宗教是头等大事。戴高乐认为一位杰出的学者比一个法定审计师更有分量，一位伟大的作家比一个大老板或一个大明星更重要。而在我们的时代，最重要的是负债水平和对经济增长的预期。一二百年之后，后人会难以理解我们的行为，就像我们搞不明白为什么一个诺曼底骑士，为了夺取一个空空的坟冢，决意前往耶路撒冷，不惜历经九死一生。我们的童话故事一个接一个，而且各不相像，但有一个共同点，那就是都不会造成问题。

现如今，只有少数与社会脱节的人会执著于某种无形的、无法计算的东西。在大多数人看来，没有什么比一条统计曲线更有说服力，也没有什么比一张信息图更能说明问题。也就是说，我们更愿意相信用可视化手段呈现的信息（电子屏幕和杂志都在此列）。在以前，举足轻重的是文字，而在现在的论坛上，数字已取代文字的地位（旧的不去，新的不来）。在想要说服对方时，不再旁征博引，而是用百分比。"把握主题，话语自然从之。"西塞罗[1]曾如此建议新手演说家。今天，他的话犹在耳旁：掌握了数字，就能大权在握。数量不再是一种控制手段，而成了命令本身。民意调查不再是晴雨表，而更像是指南针。算法负责执行工作，编写算法的则是"成本杀手"。

马塞尔·莫斯[2]在1924年就预感到了："经济人出现在我们面前。"经济人不仅来了，而且"表现绝佳"。看到各学派的专家相互谩骂，相互称对方为"迪亚富瓦吕"[3]"否定主义者"或"资本的走狗"，人们会想，经济学是否名副其实。这门伪科学尽管有着算术工具，却有别于实验科学和精确科学。其优胜者，不管知识多么贫瘠，仍把自己当作首席权威。这门学科被过度使用和过高评价，且常常自相矛盾，却总是无比自信地发号施令。马克思的论断在今日虽遭冷落，却依然振聋发聩——在以前，

---

[1] 西塞罗（前106—前43），古罗马著名政治家、哲学家、演说家和法学家。

[2] 马塞尔·莫斯（1872—1950），法国人类学家、社会学家，涂尔干的学术继承人，现代人类学的奠基人之一。

[3] 迪亚富瓦吕，莫里哀喜剧《无病呻吟》中以治病为由肆无忌惮地榨取钱财的江湖医生。

"宗教是人民的鸦片"①，而现在，自由主义经济学理论这种新型毒品已取代宗教，成为人民的麻醉剂。很遗憾，对经济学的虔诚并未培养出更多的数学家。那些最伟大的数学家皆已悄然离世。

这种原教旨自由主义经济学有一个托词：报复老船长们掌权时不公正的经济政策。接班人内疚地把舵往相反的方向打去，希望能够复位。因此，企业现在变成了社会的心脏。中学校长、大学校长、医院院长、博物馆馆长都表现得像企业家；无论是在公共场合还是在私人场合，管理这家名叫"法国"的大企业并为其运营账户的政治人物都对企业展现了万般殷勤。商业管理和社会治理从此再无区分，这种纯粹且简单的融合看似已获得人们的认可。"当我们问受访者谁对社会的贡献最大时，88%的回答是中小企业的领导人，62%的人选择大型企业的总裁，只有16%的人选择了政治人物。"《回声报》2016年秋天如此报道。统计数据说话了。在我们头顶上玩弄数字的空中杂技演员有了托底的安全网。

在欧洲，法国被看作是卓越的政治国家，英国以商业取胜，德国则以工业闻名。在长毛高卢②地区，国家造就

---

① 马克思.《黑格尔法哲学批判》导言 [M] //马克思, 恩格斯. 马克思恩格斯文集：第1卷. 北京：人民出版社, 2009: 4.

② 在恺撒征服高卢以前，罗马人称呼尚未罗马化的高卢地区为"长毛高卢"，因为当地人习惯于蓄须留发。

了民族，这与意大利或荷兰的情况相反。这是个需要克服的不利条件。一个议员会将落选说成失去"职位"；一个辞职的政府成员会吹嘘说自己的辞职减少了总统的"市场份额"；一个负责创新事务的社会党女部长宣称"从政就像做生意，应以结果作为评价的标准"。这也许就是"治理"一词的本义，因为这个术语本身就是从企业界借用来的。2008年，根据与法国政府的合同，美国马思咨询公司对法国各部委进行了一次检查，给每个部委的政绩打分——政府部门的绩效竟要由一家私人企业来评价。益格鲁-撒克逊式的评级机构被认为比法国大革命时期创立的财务监察机构更具合法性，它们犹如一个个制造数字的工厂，每天给各个政府打分，将这些政府变为"数有、数治、数享"的政府。在政治领域，我们将"项目"称为"招标"。在私人生活领域，我们每个人都需要"管理"自己的恋爱关系、职业、钱包、孩子和神经官能。黑格尔应该会为此感到非常开心，因为对他来说，一切整体都是美的，他曾为基督教导致天堂与人世的分离而感到遗憾。我们消除了数值与量值之间的区别，两者已成为同义词。全人类都囊括在内。告诉我你有多少粉丝，得到了多少点赞，发布了多少帖子，我就可以说出你有多少身价。不是只有知识分子与思想巨擘才能摇身变为咨询公司的老板。萨特和福柯的昔日好友弗朗索瓦·埃瓦尔德[1]曾对《扩展》（L'Expansion）杂志表示：
"政治已变得无力且令人失望。知识分子已明白真正的权力在企业那边。"权力意志（libido dominandi）已与商业逻辑（logique business）合为一体。

各个层面上的力量对比都趋于相同，这恰与1919年瓦莱里的理解相反。就体量而言，法国和美国一直保持着大约1∶5的比例关系，就像拉扎德投资银行对高盛集团、不二价超市对沃尔玛、法国电视台对美国有线电视新闻网、莱昂·兹托纳[2]对沃尔特·克朗凯特[3]、《被诅咒的国王》对《纸牌屋》、巴黎第十大学对哈佛大学、约翰尼·哈里戴[4]对猫王普莱斯里。无论是在本质上还是在形式上，法国都沿着相同的趋势发展。我们过去曾有思想社团，现今却只有美式智库。2015年，在全球智库指数报告中，法国明显落后，但情况已有所改善（美国共有1835家智库机构，法国则有180家）。如果不是当初非要模仿兰德公司、美国传统基金会、布鲁金斯学会、胡佛研究院等美式智库，我们就不会如此窘迫。20世纪60年代，让-穆兰俱乐部汇聚了

---

[1] 弗朗索瓦·埃瓦尔德（1946—　），法国历史学家、哲学家。20世纪70年代曾任米歇尔·福柯的助手。

[2] 莱昂·兹托纳（1914—1995），出生于俄罗斯的法国记者、电视节目主持人。

[3] 沃尔特·克朗凯特（1916—2009），美国著名电视新闻节目主持人，报道过世界各地发生的重大事件，如肯尼迪被杀、越战、宇航员登月等。

[4] 约翰尼·哈里戴（1943—2017），法国著名歌手，法国第一位摇滚巨星。

国家公仆；20世纪80年代，圣西门基金会成了高级官员与商人共同进出的场所；进入2000年，蒙田研究院为财团、部长和各届总统提供建议。巴黎政治学院的改革使它变得更接近于一所美式商学院，这竟也被看作是值得庆贺的成功。

戴高乐曾以圣女贞德为例，主张"以贫穷为荣"。尼古拉·萨科齐却说："卸任以后，我就要去挣钱了。"现在的法国人积蓄少，挣得也不多，已不再视金钱如粪土。从这个角度来看，这应该被看作是一种进步。老派社会党人继承自贞德的老派天主教颂歌抵挡不住未来美好的福音。这福音满怀对经济繁荣的憧憬。禁忌已破，葛朗台老头儿①已入土为安。我们在餐桌上大肆谈论金钱，聊着"挣了多少""地产税""15%的折扣"之类的话题。假使还有人继续对"腐蚀良心的金钱主宰"大加鞭笞，热烈地讨论莱昂·布洛瓦②和莱昂·布鲁姆③的思想，那也只是装装样子罢了，因为如今没有人会在内心里觉得戴劳力士手表、出入富凯餐厅、开玛莎拉蒂敞篷车有什么罪恶。人们虽然依旧觉得钱是庸俗之物，却已不会将它拒之门外。我

---

① 葛朗台老头儿，即菲利克斯·葛朗台，法国作家巴尔扎克的小说《欧也妮·葛朗台》中的人物，是个典型的守财奴。

② 莱昂·布洛瓦（1846—1917），法国作家，厌恶金钱与资产阶级，支持社会改革。

③ 莱昂·布鲁姆（1872—1950），法国犹太裔政治家，中左派，人民阵线领袖，1936—1937年任法国总理，在任期间致力于提高工人待遇，粉碎了法西斯势力的夺权阴谋。

们会像关心每年1月1日公布的荣誉军团勋章获得者名单那样关注《福布斯》杂志及其他一些类似的当地刊物发布的法国百大富豪榜单。我们获得了解放。金钱带给人自由，但自由意味着不平等，完全平等的自由几乎不存在。于是我们要求平等，这正合罗伯斯庇尔们的心意，那些巨富自认为有责任提振穷人的士气。对于未来的领路人，我们只求他们能谨慎处理敏感的法国式顽疾：避免过多的golden parachutes（黄金降落伞）①和待遇好得出奇的stock options（员工认股权）②。落后者不可能朝夕之间就赶上队伍，而需假以时日，正如蛹不可能在刹那间破茧成蝶。年老的法国时而扭捏作态，时而高喊"乌拉"，也需要花费数十年才能使自己再次位居"文明"之列或恢复元气。

冬眠者③的困境

历史不像手表那样可以调得那么精确，某些时期，它的秒针跑得比较急，有些时期却又磨磨蹭蹭。一个国家的

---

① 黄金降落伞，指在收购兼并中对被解聘的高层管理人员发放的高额补偿。
② 员工认股权，指雇佣合同中按照公司控制权变动条款，对失去工作的管理人员进行高额补偿的规定。
③ 冬眠者，1969年法意合拍电影《冬眠者》的主角，于1905年在北极失踪，后在1970年被发现冷冻于一块冰中，竟然还活着。他苏醒后被送回家乡，却因思维习惯还停留在过去而引发了诸多笑话。

变化也是这样。在法国,司汤达无疑目睹了我们生活方式
的一个蜕变期——在他看来,那是一个史无前例、变化速
度快得异乎寻常的时期。"在历史学家的记忆里,人们从
来没有在风俗和享乐方面感觉到比1780年至1823年间更彻
底的变化。"他会怎么看待我们在半个世纪里冒险完成的
三级跳?我们生逢其时,有幸目睹了这一剧变。此乃天赐
良机,我们应当感激涕零。愚蠢的坡旅甲①是不会明白我们
的感受的。这位士麦那的基督教殉道者在公元2世纪时四处
悲叹:"主啊,您怎么让我活在一个这样的时代!"让我
们想象一下,要是有个人降生在异教徒国王墨洛温②统治下
的卢泰西亚③,却受到了圣热纳维耶芙④的点化,然后死在
受洗的克洛维⑤统治下的巴黎,这该是一番怎样的奇遇!或
者,要是有一个与索福克勒斯⑥同时代的人,诞生在流光
溢彩、信奉多神教的帕提侬神庙脚下,却在变得年老糊涂

---

① 坡旅甲(约69—155),基督教圣人、殉道者,曾任士麦那(今土耳其境内
　 的伊兹密尔)主教。
② 墨洛温(415—458),萨利克法兰克人部落首领,法兰克王国的墨洛温王朝
　 (481—751)相传得名于他。
③ 卢泰西亚,巴黎在古罗马时代的旧称。
④ 圣热纳维耶芙(约420—约502),巴黎的主保圣人,对法兰克王室皈依基
　 督教起到了重要作用。
⑤ 克洛维,指克洛维一世(466—511),法兰克王国奠基人、国王,于496年
　 率领族人皈依正统基督教。
⑥ 索福克勒斯(约前496—前406),古希腊三大悲剧作家之一,代表作有《安
　 提戈涅》《俄狄浦斯王》等。

之前，亲眼见证希腊转变为遍地黑衣、信奉一神论的拜占庭，他又会有何种感想！

眨眼间，法国用"城乡结合部居民"取代了农民（1955年占全国就业人口的26%，2002年降到了2.9%），用超市（1957年只有一家，2000年发展到1.05万家）取代了街头杂货店（1966年尚有8.7万家，2006年幸存1.41万家），让充分就业让位于高失业率（1965年失业率为1.7%，2016年上升至10.2%），并使学生数量翻了15倍（1950年在校学生15.5万名，2013年激增至240万名）。全法几乎多了近百倍的家用冰箱（1954年只有7.5%的家庭拥有，2000年为100%），洗衣机数量大幅上升（1954年进入8.4%的家庭，2000年覆盖96%的家庭），电视机也走进97%的家庭（这个数字在1954年仅为1%）。法国发明了"青春期"的概念，并将家庭主妇转化为职业女性，还使百岁老人的数量由1950年的200人上升到2017年的1.8万人，让全国平均预期寿命水平大幅提高——男女分别由1946年的60岁和65岁增加到2016年的79岁和85岁。法国的成就不止于此。它的城市形态和人心都发生了深刻变化，这尽管无法在互联网上找到数据支撑，却印刻在每个人各自的独特记忆中。接下来，我们需要换种笔调写作了。

这是关于一个古怪的小人物（1940—2017）的故事，他的外号叫"冬眠者"。1960年，20岁的他离开了从小生活的拉丁区，去了远方，不久后被低温活体保存（生物技术的奇迹），然后幸运地在2010年解冻，重新见到了光明之城①。他虽已一把年纪，可回忆童年对他而言比想起昨夜发生的事要容易得多。他是个非自愿的"雅第斯先生"②，一个守旧队伍中的"强征兵"③，想认出自己长大和上学的街区，找到属于自己的痕迹，让人生重新来过。

一大早，他便从卢森堡公园开始寻找。在那里，密密麻麻的人群组成一支支纵队，男女老少都穿着短衣短裤，围着公园的铁栅栏跑步，一部分人神态自若，大部分人则吐着舌头。见此情景，他陷入了困惑：这是在进行集体惩罚，还是街区马拉松？来不及弄清楚这个问题，他就来到了苏夫洛街地势较低的那一段，这条街通向先贤祠，通往"献给伟人，祖国感谢你们"④的铭刻。他没有认出此处的那两个拐角。右侧的拐角本应是马耶咖啡馆（那里的服务生令人讨厌，只欢迎荣誉军团勋章获得者），如今却被一家麦当劳餐厅占据；另一边的拐角则本应是卡普拉德咖啡馆（他以前常来），现在却开着一家快客餐厅（全称为

---

① 指巴黎。
② 法国作家安托万·布隆丹（1922—1991）同名小说中的主人公，字面意思为"往昔先生"，是一个耽于怀旧的典型形象。
③ "强征兵"，历史学概念，指第二次世界大战中被强行编入德国军队的阿尔萨斯人和摩泽尔人。
④ "献给伟人，祖国感谢你们"是先贤祠大门的门楣上铭刻的标语。

"高品质汉堡包餐厅"），广告牌上是"巨无霸"汉堡包的促销信息。他一直沉浸在由此带来的视觉冲击之中，可当他沿着圣米歇尔大道往塞纳河方向走去时，其他东西又出现在他眼前。每三家店铺中就有两家卖服装的，店标都是英语或相近的方言，依次是：Derby（德比鞋店）、用红字书写的Very Good Soldes（超低折扣店）、H.P.Caterpillar（卡特登山鞋店）、New Shop（新品店）、Luxury Outlet（奢侈品折扣店）。一家眼镜店名叫OnOptic（光学之家），另一家则挂着Optical Discount（眼镜折扣店）的牌子。一家药妆店取名Sagacosmetics（传奇化妆品），另一家挂牌The Body Shop（美体小铺）。烟草店取名Altersmoke（另类烟店）。好不容易看到一家用法语命名的糕点店，名叫"普拉迪埃"，橱窗里却写着Minute take away（一分钟外卖）。冬眠者走过来又走过去，没在Marks & Spencer Food（玛莎速食店）、Starbucks Coffee（星巴克咖啡）前皱眉，也没在学院街拐角的Gap（盖普服装店）——下层是童装区，上层是女装区——前发牢骚，因为这很正常，都是些很早之前就有的店铺。但让人心里五味杂陈的是，原来半路上有法兰西大学出版社旗下的大型书店，教授和学生每周都会去那里逛几次，看书、买书、充实头脑，但现在，那里成了一家极尽排场的Nike（耐克）豪华专卖店！橱窗上，一位著名黑人田径运动员的照片下面用巨大的白字写着"Are you running today?"（今天你跑步了吗？），提醒路人别忘了要每天跑步健身（冬眠者这时才明白卢森堡公园为什么人流拥挤）。照片上还有一只苹果手表的特写，上面印有NRC（耐克跑步俱乐部）三个字母。Back to basics（回归基本）系列的款式。从脚开始，然后是计时。

冬眠者继续往前，沿着克鲁尼中世纪博物馆走。博物馆被木篱环绕，进门处有Welcome to Medieval World（欢迎来到中世纪世界）的字样，还有一个写着Entrance this way（入口在此）的箭头。他极想再次看到名为"阅读的快乐"的马斯佩罗书店（位于圣塞弗兰路4号），20岁时他曾在这里第一次了解世界局势，偷偷阅读用西班牙语、意大利语、英语、罗马尼亚语等语言出版的各种具有颠覆性的报纸杂志。为此，他穿过圣热耳曼大街，迎面撞见一家西里欧服装shop（店），张贴有Entrance on your right（入口在右）的标识。冬眠者受到了极大的震动，突然觉得有点儿饿。他在一个偏僻角落里发现有家叫做HD'S Dance的餐馆可能味道不错，因为它自称Back to the Fifties（Best Burgers and Shakes）——"回到五十年代（最好的汉堡包和奶昔）"。不远处就是Vintage Standards（标准古着店①），这家皮草店拉着一条闪光的横幅，上面写着Europa first

---

① 古着店，指售卖绝版款式二手服饰的服装店，其售卖的服饰通常因具有古旧感而备受部分人群的青睐。

opening（欧洲第一家）的字样。他在那间小餐馆驻足，机械而笨拙地点了份黄油火腿。"我们没有这东西，先生。不过汉堡包是本店自制的特色菜。"好吧！挤些ketchup（番茄酱）在上面，这份多层sandwich（三明治）好像很不错。

我们这位与时代脱节的人感到头晕，试图把刚刚看到的东西理出个头绪来。恢复与社会的接触显得比较艰难，不过，经过一番衡量，他觉得也不是完全手足无措：巴尔扎尔啤酒餐馆和商博良电影院还在老地方，蒙田的坐姿雕像和奥古斯特·孔德①的立姿雕像亦然。吉贝尔书店②（旧日的文具店规模不小）继续升级改造，旁边的地铁口也是如此。他当年走过的这部分街区像个相识30年后才被人钟情的女子，"不完全是同一个人/但也不完全是另一个人"③。它处于两者之间，是一个混合体，一种妥协，而不是其中任意一个。冬眠者的视觉记忆力非常强，想起自己刚刚经过的名为New Shop（新品店）和Shop Text（文本店）的两家店之间夹着一家尼古拉酒行④；而在大街的近河

---

① 奥古斯特·孔德（1798—1857），法国哲学家，实证主义学说的创始人，最早提出"社会学"的概念以及"利他主义"一词的思想家，晚年醉心于创立"人道教"。

② 吉贝尔书店，初创于1888年的法国书店集团，此处指的是其位于巴黎拉丁区圣米歇尔广场的4家书店。这4家书店已于2021年初关门歇业。

③ 引自法国诗人魏尔伦（1844—1896）的名作《我熟悉的梦》。

④ 尼古拉酒行，成立于1822年的法国连锁酒行，其分店遍布巴黎。

段，则有一家巴斯克特产（手工腌制品、鹅肝、蜜饯等）店。旁边的小巷中还有个洛泽尔之家餐厅，而在大街的繁华地段则有一家高级内衣店——其实还有另外一家，但店名叫Miss Coquines（娇小姐），门的上方有颗小红心作为装饰。只有这三家店保留了原来的招牌。此处"新奇"的法语使这个归来者陷入极度的困惑。尽管他不在的那段时间里，圣米歇尔大道已和其他无数地区一样，被纳入了美国文明的版图，拉丁区已变得和拉丁毫无关联，只是徒有虚名，但商业依然靠着美食和时尚这两大支柱，为法国文化带来赞誉。这两大支柱以法语为装饰和本钱，因其独特性而在国际上享有盛誉。这些商店因与别的商家不同而形成了自己的商业价值，它们或许并无意愿成为全球品牌。冬眠者心想——他可回答不了这个可怕的问题：在这个商业地标区域中，法语是否与洛泽尔和巴斯克地区的产品一样，只是一种地方特产，只是为了照顾与其他方言之间的团结而存在（只有在方言之间才需互相照顾）？抑或它只是某处无关紧要的历史遗迹？

　　冬眠者所在的小饭馆装潢极为时髦，光彩夺目。好事从来都是成双而至的，他发现邻桌上摊着报纸。那是一份《解放报》。这家报纸的读者都是些身份低微但善良的人。冬眠者舔舔嘴唇，打开了报纸，渴望它可以帮助自己弥补在文化方面的落伍之处（冬眠的坏处是生物钟的脱节）。翻看的页面越多，他越觉得自己赶不上趟。他完全不能理解报纸上的语言表达方式，只知道它与埃文河畔斯特拉特福①毫无干系，也许与旧金山和洛杉矶有关。冬眠者怀疑自己永远也赶不上开得太快的世界列车。他回到家里，躺在床上，备感失落。他的老巴黎着实变得年轻了，但对他来说有些过了头。他的唯一反应是：好好睡上一觉。

第二天，稍稍恢复了些元气，冬眠者再度思考起语言这个问题，一些记忆划过他的脑海。他想起了某位叫艾田蒲②的人写过一本天书《您讲法式英语吗？》。在20多年里，这位脾气不好的语言纯洁主义者在专栏中揭露了"一场将我们出卖给美帝国主义的灾难"（这个说法有些老套）。这位爱发牢骚的人一看到show（表演）、self-service（自助服务）、surprise-party（惊喜聚会）等英语词出现在法语中，就会严加批判。用maintenance表示"维修"，manager表示"经理"，sponsor表示"资助者"，parade表示"游行"，striptease表示"脱衣舞"，电梯故障时说hors service而不说en panne，频繁使用médias（媒体）或caddy（购物车），这些行为在这位老派的人物眼里相当于彻底屈服。听过一两场他的讲座的冬眠者笑了。20世纪60年代那"颠

① 埃文河畔斯特拉特福，英国小镇，莎士比亚的故乡，也是皇家莎士比亚剧团的诞生地。
② 艾田蒲（1909—2002），法国汉学家、作家，主要研究中西文化交流与比较文学，代表作有《孔夫子》《中国之欧洲》《东游记》，翻译过《金瓶梅》等。

覆性极强而又费解的文体",对于以youtubers(优兔网使用者)和gamers(网络游戏玩家)为代表的e-generation(E世代人)而言,已成为旧式法语,他们更习惯谈论Paris Games Week(巴黎游戏周,即一年一度的电子游戏展会)、battle(战争游戏)和fashion weeks(时装周)。他们会说"完成"①影片剪辑,用cash指代"现金"。

我们这位年纪不小的浪子还记得自己曾舞文弄墨(可惜从来没摆弄过键盘),读过布罗代尔所写的这句话:"法国人的身份认同80%来自语言。"所以在随后的日子里,他希望更多地了解所谓的法语共同体———一个很久以前就吸引他的话题。法语国家大学协会(AUF)是各类委员会、高级理事会(大家见过低级理事会吗?)和国务秘书处中最高产的,其总部就在附近的索邦广场。他于是约见了正在那里工作并愿意再同他会面的旧相识们。他受到的接待较为冷淡。旧相识们提起他在前世曾说过的某些颇具冒犯性的俏皮话(哪句话?他傻呵呵地问,因为他一句也记不起来),例如某日将法语共同体官方机构的办公室比作一个进驻维希公园官邸②5层右边最后一间屋子的抵抗运动③代

---

① 原文为"finalisaient",这是一个源自英语的法语动词。
② 公园官邸,位于法国维希镇,二战时曾是维希傀儡政府部分机构的办公地,维希政府首脑贝当(1856—1951)的办公室就设于该官邸的第四层。
③ 抵抗运动,二战期间法国人民反抗纳粹德国占领军和维希傀儡政府的地下运动。

表团。

"妙语警句只会让我难堪。"冬眠者再次自言自语道。他连声道歉，发誓今后会加入那些在巡视途中始终保持戒备的哨兵的行列，他们是多么令人钦佩！旧相识们告诉他，如今巴黎政治学院里60%的教学工作是用英语开展的（关于法国文化政策的课程就用英语命名为Cultural Policy and Management，即文化政策与管理）；出席令人厌烦地空谈"和平、民主和人权"的法语国家组织年度峰会的国家元首和政府首脑逐年减少；最近起草了几份关于法语使用对经济的影响的报告的雅克·阿塔利①为自己的非政府组织取了个英文名，叫PlaNet Finance（星球金融），后更名为Positive Planet（积极星球）；总统及其部长们完全不在乎这些情况却假称自己很在乎；记者们也不在乎，不过他们会实话实说；实业家、广告商和公关人员，以及地铁和公共汽车等公共交通部门，都轻率地将杜蓬法案②丢入废纸篓；不管怎样，互联网语言及语法都是盎格鲁-撒克逊体系的；硬科学、航空、体育、巴斯德研究所和国际历史科学大会也都使用英语；学术研究评价机构中有九成位于北美地区。然后，这些"哨兵"就火急火燎地赶去术语委

---

① 雅克·阿塔利(1943—)，法国政治经济学家，著有《未来简史》等。
② 杜蓬法案，法国1994年出台的有关法语使用的法案，规定政府文件、公共场所标语、公办学校、商业广告文本等必须用法语书写。

员会①抢占席位，并恳求冬眠者不要错过这个高喊着"未来属于法语"口号的协会的下一次全体大会。

旧相识们的斗争精神以及他们忘我牺牲的信念让冬眠者陷入困惑，他比任何时候都期望能修补自己的错误。那些先生女士明知上级对他们持蔑视态度，却依然如此忘我地投入。在对他们表示赞赏的同时，冬眠者感觉回到了自己熟悉的土地上：这个国度的管理艺术在于高谈阔论，多说话少做事。

冬眠者决心在使用规范法语的请愿书上签字，并为期待中的演讲掏腰包。同时，他也自问，他和他的朋友们在为"捍卫语言"做该做的事情时，会不会步马其诺防线②的后尘。这并不是因为他们是糟糕的战略家，而是因为他们是法国人，是笛卡儿主义者，所以他们的想法总是很奇特，经常跑偏，与那些陆生肉食哺乳动物的"肉体性灵魂"不同。正如阿波罗③蔑视狄俄尼索斯④，我们的知识分子和语法学家们也对灵魂乐⑤和摇摆乐⑥抱有轻蔑的态度。

---

① 术语委员会，全称为"术语与新词委员会"，法国官方机构，旨在将源自英语的术语与新词"法语化"，用标准法语词汇取代英语借词。
② 马其诺防线，法国在第二次世界大战前为防止德军入侵而构筑的永备筑垒配系。1940年德军经阿登山区迂回至该防线侧后攻入法境，使其丧失作用。
③ 阿波罗，古希腊神话中的太阳神，是理性的象征。
④ 狄俄尼索斯，古希腊神话中的酒神，是欲望与非理性的象征。
⑤ 灵魂乐，起源于美国的音乐流派，融合了黑人灵歌和节奏布鲁斯。
⑥ 摇摆乐，起源于美国的音乐流派，是爵士乐的分支，富有摇摆感，适合跳舞。

这种轻蔑让我们付出了沉重的代价。我们当年的文人极少关注唱片店。在当年的唱片店，每年有成千上万张33转黑胶唱片被销售出去，而那些销量在10万张到100万张之间的唱片又依据销量多少被分别认证为黄金唱片、白金唱片和钻石唱片。我们现在的文人也很少关注娱乐电台^①上播放的流行音乐，对电子音乐、放克嘻哈、说唱音乐、浩室音乐^②也缺乏了解。正是这从不间断的声音背景将我们的男孩女孩带入了一片乐土——那里没有分号^③，也没有过去分词的配合^④。人是喜欢韵律的动物，在会说话之前就会跳舞。作为一根会思考的苇草，他还会打拍子，但打节拍不是法国人的强项，而是美国黑人的专长，"节奏布鲁斯"就是其代表。音乐短片和蒙太奇剪接引领着潮流。在能唱能跳又能演的"三栖艺人"面前，语法上的纯洁主义仅是小打小闹。42街^⑤得益于同名音乐剧和剧中欢快的踢踏舞，幸运地成为纽约的代表，以极强的视觉冲击力跨越国界，击穿了我们高傲的"语言精神分析学"构成的防线，就像1940

① 娱乐电台，法国的一家私营电台，主要播放流行音乐。
② 浩室音乐，起源于美国的音乐流派，是电子音乐的一个分支，由迪斯科舞曲发展而来。
③ 在法语中，两个没有连接词连接的主句间既可以用分号分隔，也可以用逗号分隔。从文体上讲，前者比后者显得更为严肃，更具思想性。
④ 法语复合过去时动词变位中使用的过去分词有一套复杂而严谨的性数配合规则，许多法国年轻人对此掌握不佳，书写时常常犯错。
⑤ 42街，美国纽约曼哈顿区的一条街道，街旁剧院云集，著名的百老汇就坐落于此。同名音乐剧《42街》是百老汇商业音乐剧鼻祖。

年古德里安①的装甲车碾过我们的掩体。《雨中曲》《窈窕淑女》或者《猫》直击我们的心弦和神经丛，直至下半身。在那里，某种东西鞭抽着我们，压印着我们，标记着我们，钻挖着我们，即使是法令、决议、特别法庭和国际调停也从来都影响不了它——那就是身体的快乐。我们的词汇学家企图让边缘化的法语词汇重新焕发活力，等来的却是disc-jockey（电音打碟师）、sampling（采样技术）、gimmick（噱头乐句），以及moonwalk（太空步舞蹈）和gangsta rap（匪帮说唱）。他们就像拿破仑麾下身陷重围却未屈服的老近卫军，等待格鲁希②元帅的回援，等来的却是布吕歇尔③的大军。字典的守卫者感觉受到了欺骗。他们值得人们的尊敬，因为他们还是为我们留下了一些被广泛使用的法语词汇，如ordinateur（计算机）、courriel（电子邮件）、télécharger（文件下载），但这些也只不过是些许慰藉罢了。最后，冬眠者在心里自言自语，如果城郊真的变成了市中心，法国真的被彻底边缘化了，那么这个所谓的法语共同体或许还能发挥点作用。

---

① 古德里安（1888—1954），德国军事家，德国装甲兵之父，"闪电战"鼻祖。

② 埃马纽埃尔·格鲁希（1766—1847），拿破仑麾下的法国元帅，滑铁卢战役时因执着于追击普鲁士军队而未能及时回援遭英普联军围攻的拿破仑，导致法军战败。

③ 格布哈德·冯·布吕歇尔（1742—1819），普鲁士元帅，滑铁卢战役中及时支援威灵顿公爵率领的英军，赶在格鲁希援军到来之前击败了拿破仑率领的法军。

　　此番幻想对一位严肃的人来说是不适当的，但并不妨碍这位前学生加教授继续信步闲游（自命不凡是他的软肋）。他想起索邦大学——那是他的母校、他的故乡，他就是在那里堕落的——于是去了那边。母校的氛围无疑已发生变化，秉性也变乖戾了。在它昔日的强势领域，即人文科学（但不限于此）中，到处都是哀怨之声，充斥着浮躁的气息。水平骤降，尊重缺失，权威不再，手法平庸。这里已难寻学术权威们的踪迹，他们中的那些最机灵的人以访问学者的身份每年去一所美国常春藤联盟中的学校访学，或者去那里举办巡回讲座，以此给自己的炼狱带去一缕阳光。这样的行为，冬眠者在20世纪60年代初是绝不敢想象的，如今却成了风尚。他们从中获利颇丰，其中最大的一笔就是终身教职。此外，冬眠者还在年轻一代的研究人员身上察觉到一种令人困惑的精神状态：他们都想成为某方面的专家，比如第一个研究巴尔贝·多尔维利①的专家、为研究欧内斯特·勒南②做出最新贡献的专家，等等。他们都想受聘于芝加哥、东京或墨尔本的欧洲研究院。他们似乎讨厌宏观视角，认为那是业余爱好者甚至是那些被

---

① 巴尔贝·多尔维利（1808—1889），法国作家，其作品带有较强的幻想和神秘主义色彩。

② 欧内斯特·勒南（1823—1892），法国著名作家、历史学家和思想家，法兰西学术院院士，被认为是19世纪法国思想史上的理论巨人之一，对当时的法国知识分子有深远的影响。

贬称为"随笔作家"的冒牌学者才有的特点。真正的专业人员各有自己的雉堞并为之坚守，他们会被派到某个研究团队，依照论文的主题完成一篇不带感情色彩、充分显示个人能力和没有偏见的报告。冬眠者想起纪德[1]的一句话："X君是聪明人，但他好像只是'遇到了'一些想法，而不是从自己的头脑中提取的。"

　　面对正冉冉升起的未来精英新星们，如果他大着胆子提及罗歇·凯卢瓦[2]、阿尔贝·蒂博代[3]或埃马纽埃尔·贝尔[4]的名字，他们的脸上就会浮现出一种令人同情的惊讶表情。这些流俗之徒头脑简单，不会看那些文人大师一眼。此时到处都在谈论"跨学科"，这是公开的秘密，冬眠者为之大吃一惊。他在内心里更正说，确实如此，人们可以一面吹嘘"文化表达的多样性"，一面让自己被弄得像一个模子出来的一样，这种言行不一是全国的通病。他发现了自己的错误缘何而起：当今社会已深受建立在劳动分工

---

[1] 安德烈·纪德（1869—1951），法国著名小说家、诗人、文学评论家，1947年获诺贝尔文学奖。

[2] 罗歇·凯卢瓦（1913—1978），法国作家、文学评论家，向法国引介了大量拉美作家与作品。

[3] 阿尔贝·蒂博代（1874—1936），法国作家、文学评论家，文学批评领域日内瓦学派的创始人之一。

[4] 埃马纽埃尔·贝尔（1892—1976），法国作家、历史学家、评论家，曾激烈批判资产阶级思想。

效益基础上的泰勒制①的影响。出自大学校园的米歇尔·福柯仿照泰勒制，将"专业知识分子"立为典范。他在笔记本上写道："需要强调的是，通识文化是一种资产阶级思想。"他的一个医生朋友证实了该观点。专业化是所有职业的发展趋向，全科医生已不再那么受重视。"1950年，"他的那位医生朋友告诉他，"内外科医学共有15个专业，而现在已增长到150个。科学在进步。"冬眠者明白，如果他想安顿下来，他也需要在某处找到自己的位置，固定好铜制门牌，不再东游西逛。由于他还隐约记得崇高思想与普遍思想间的联系，上述前景让他感到些许悲哀。

尽管事物每发展到一个新阶段都会产生失意者，但冬眠者还是对新时代的教师地位的下降感到气恼。他始终热衷于精神生活。他很想知道，教师们如果走出阶梯教室，成为引人注目的名流，是否能生活得更好些。经过对名流的数天观察，他发现他们的地位一样不稳定。向来充斥着嫉妒与互轻的巴那斯山②已经重新洗牌，繁文缛节盛行其间，圈内人士也被分为三六九等。他无法适应这一圈子。纯文学的地位明显下降，不再占据高地；整个文学学科滑落至山脚，它的姊妹学科哲学也不再像普鲁斯特、柏格森

---

① 泰勒制，美国工程师弗雷德里克·泰勒（1856—1915）创立的科学管理制度，强调标准化管理、严格的规章制度、合理的工作定额等。

② 巴那斯山，古希腊神话中阿波罗及诸缪斯的居所，是人文艺术界的象征。

或萨特所处的时期那样是人文学科中的佼佼者。历史学家
登上了峰顶，紧随其后的是人类学家。冬眠者还记得在戴
高乐时代，文学研究者对社会学、政治学和经济学常抱有
蔑视的态度，认为那些都是低等学科。那个时代，在巴黎
高等师范学校的文学系，要是有人向往当省长，想着考取
国家行政学院，或者像今天的学生那样想着进入巴黎高等
商学院，那同学们一定会对他抱以极大的轻蔑。如今，最
受人尊敬、位于聚光灯中心的巨擘都是经济学家，其次是
法学家。

令人震惊的颠倒！不过，本末倒置的难道不是社会
本身？冬眠者还未对此产生怀疑，他依然像个观光客，未
能弄懂此番颠倒中暗含的逻辑：在一个完全商业化的社会
中，熟悉市场的专家占优势；在一个到处是诉讼的社会
中，什么也逃不过诉讼程序（从牙科治疗到战斗中被杀的
士兵，从兄弟关系到秋千跌落事故），法学家最有威望。
现阶段让冬眠者感兴趣的是礼仪问题：不能混淆穿袍贵族[1]
和佩剑贵族[2]，要少干蠢事，对有决定权的人微笑，不在
无法作为垫脚石的令人厌烦的人或事上浪费时间。在交际
场合观察谁跟谁讲话，很快就能觉察座次是依据什么分配

---

[1] 穿袍贵族，法国封建社会末期产生的新贵族阶层，他们大多来自商业和法
　　律领域，依靠金钱购买贵族头衔。
[2] 佩剑贵族，法国封建社会时期的传统贵族阶层，大多数有着古老的家族背
　　景，其贵族头衔大多世袭自建有军功的先辈。

的，饰带、荣誉军团的玫瑰形勋章结与最高级的荣誉勋章是依据什么授予的——依据的是报纸，而不是论文评委会的评价。每个人的曝光率（讲话的时长或占多大版面）由新闻媒体确定。冬眠者明白了，如果口袋里没有名片，或在业界没有很多朋友，他走不了太远。

还有一点也让他发慌：在没有恐怖主义的年代，在街上闲逛的他发现，有些制服已销声匿迹：没了着军装的军人、穿长袍的神甫、戴修女帽的修女。这是一场帽子危机。阿尔及利亚战争已远去，戴法国军帽和穿罗马领①长袍的人的数量似乎在迅速减少，使命感和自豪感也如此。相关机构收起了风帆。在其他领域或许也有类似的情况，因为冬眠者发现，天主教的神学已滑落为道德，军人的使命已滑落为职业，进步主义者的正义已滑落为伦理，保守人士的民族概念已滑落为利益。整个社会集体都已原子化，现在只有不同营业窗口之间为争取最大的利益而开展的竞赛。法兰西学术院中不再有元帅，历史教科书中不再有汉尼拔或拿破仑所指挥战役的详解图，这种情况尤其使冬眠者感到悲伤。不是因为他忘记了那群古板的军人通常在我们的政治生活中所起的让人恼火的作用，而是他记得共和国有两个不可分离的支柱，分别是国家的军队和人民的学

①罗马领，绝大多数西方基督教神职人员衣着的一部分，为衬衣上的一个可拆式衣领。

校。如果其中一个顶不住,另外一个就会受到影响。如果两个一起倒下,那么法国就要变天了,这让我们眼前的这位由旧时代穿越来的主人公感到一丝恐惧。

更不合时宜的是,冬眠者是个左派(严格遵循传统),他面临着最艰难的状况。他是在把巡游范围扩大到最具斗争性的圈子里时才意识到这一点的——那些圈子实际上已不再有任何斗争精神。米拉波桥下流逝的不仅是塞纳河水,还有我们对真理的热忱。词汇已经变了,至少对那些组织的负责人来说是这样。冬眠者赶紧检查自己的词汇表,生怕自己被当作从自然历史博物馆逃出来的尼安德特人。人们挂在嘴边的不再是资产阶级、民族、国家、阶级和阶级斗争、统一战线、雇佣劳动、资本主义,取而代之的是民主、公民社会、公民企业、少数族裔、身份认同。冬眠者习惯于各种已然过时但依然危险的"主义",难以抑制与时代不符的无意识行为。某天,他在一个位高权重的委员会领导面前提及"无产者"的命运。对方皱起了眉头,他赶紧改口道:"我的意思是'劳动者'。""你指的是'弱势群体'?"对方反问道。总之,冬眠者若想追上时代的步伐,必将任重而道远。

他不再是殉道者或奋锐党①人般的顽固者,而成了一

---

① 奋锐党,公元1世纪时的一个犹太教流派,信徒以下层犹太人为主,主张武装反抗罗马帝国和犹太统治阶级对以色列的统治。

个随和、懂得顾全大局的年轻人，学会了用"supporter"指代"活动分子"，用"fan"指代"同情者"，用"leadership"指代"领导机关"，用"coach"指代"顾问"。体育用语对他来说很快就不再是难懂的密语。一天，有人劝他晋级至"甲级联赛"，意思是劝他竞选议员，但他觉得凭自己经受的训练还不足以"在达阵后再获附加分"①。说实话，他明白了，今后公共事务将由专业人士处理，而政治人物只能去做学者，研究学问。专业事务需要的是专业人士，诸如公关人员、民意调查员、数据分析师、spin doctors（政治顾问）等。思想和行动之间的桥梁被切断了，但冬眠者觉得这样或许更好，毕竟有思想的统治者干过太多坏事。教会不再需要神学家，政党不再需要理论创新，工会不再需要社会权利方面的研究人员，这些都不是偶然。从此，所有人都会成为被提防的对象。

总算弄清楚风向之后，冬眠者选择走中间道路，即站到现代性这一边。他喜欢"第一夫人"这种说法，虽然其职能至今依然不是很明确，但由于美国有"First Lady"，这让人不得不在法国也找出一个对应说法；他欣赏名为"萨科齐一号"的总统新专机；人们将位于巴拉尔广场的法国国防部称作"法国五角大楼"，他为此而自豪；他

---

① 在橄榄球比赛中，触地得分被称为"达阵"。每次"达阵"得分后，进攻方获得一次附加进攻机会，若进攻成功，所得分数被称为"附加分"。

将法国预备役部队称作我们的"国民警卫队"；他觉得右
派政党改名为"共和党"实在是太妙了，并觉得它的对手
社会党迟迟不改名为"民主党"是个糟糕的做法——可
社会党不也将其未来的政治纲领称为"care（关爱）社会
计划"吗？有一天，他忘记了一个电话号码，于是便向一
位电信公司职员大声询问那个"10位数的有效电话number
（号码）"是多少。他有一个朋友怀揣复兴法兰西的梦想
参与了竞选，发短信给冬眠者，问他对竞选有什么高明的
建议。冬眠者便向他提出了一个全新的创意——community
organizing（社区组织），即依赖地方的宗教和族裔社群，
bottom-up（自下而上）地发掘一批真正有能力、有前途的
青年leaders（领袖）。他还向朋友（这位朋友比他预想的
还要老套）介绍说，这种公民动员式的management（管理
方式）曾在芝加哥获得巨大成功。

　　就男性的前途而言，问题已非常严峻，它主要包括
生物（沦为另外一个物种）、算术（时刻需要计数）、法
律（时刻面临惩罚）三个方面的问题。冬眠者是在一次有
关语言保护的研讨会上意识到这一问题的。他曾参加过无
数场此类研讨会。有一次，与会者发现登上讲台的发言者
中有3位男性，而女性竟只有1位，于是会场上出现了集体
抗议。性别比不对！那些倒霉的组织者不得不向在场的男
女教授们保证，下次一定按配额来，这样的情况不会再出

现了。冬眠者回想起自己年轻时去维克多·舍尔歇街一楼拜访的情景，西蒙娜·德·波伏瓦以她建立在共和价值观基础之上的深刻思想深深地感染了他，促使他投身于男女平权事业。那时，"看门母狗协会"（Les Chiennes de garde）①尚未成立。然而，波伏瓦的《第二性》在出口到美国以后却变了味，然后又转内销，反向输出至法国，变为一种周身布满射击孔、极富攻击性的思想。"小伙子，我们在看着你"，这使他在说话时不能再无所顾忌了。绝对不敢出岔子了。他对那个可以致命的单词②保持警惕，因为一旦用它发推特，殷勤附和和谄媚奉承的评论很快就会随之而来。冬眠者于是强制自己进行讨厌的自我控制。毕竟，他是从久远的年代回来的。

冬眠者现在责怪自己有些夸大其词。"我不会变成溜须拍马之人吧？"他不时问自己。但落伍了就得补课，所以他到吉贝尔书店购买了托克维尔③的全集，很快就将1835年出版的热门作品《论美国的民主》中的某些章节记熟了。只是，不久之后他在整理书架时，不幸瞥见了来自

---

① 看门母狗协会，成立于1999年的法国女性主义组织，协会成员们自称"看门母狗"，致力于检举、揭露、禁止具有侮辱女性意味的词汇、表达以及言辞。本书作者雷吉斯·德布雷是该组织成立宣言的联署人之一。
② 指"#MeToo"（我也遭遇过）。
③ 阿历克西·德·托克维尔（1805—1859），法国历史学家，代表作有《旧制度与大革命》《论美国的民主》等。

突尼斯的昔日好友阿尔贝·梅米①亲笔题赠给他的书《被殖民者的肖像》。他不经意间打开书，看到了这句话："殖民者向被殖民者灌输，称被殖民者的音乐如同猫叫，绘画就像糖浆，被殖民者于是重复殖民者的话，说自己的音乐很庸俗，绘画令人作呕。"冬眠者想，真不该陷入这样的错误。他感到自己身上有两种相互对立的义务等着他去履行：第一种要求他必须全盘现代化，这是兰波②说的；第二种又要求他不能失去传统。这是想鱼和熊掌兼得呀，苦恼由此而来。

　　个人的不适与国家的不适产生了共鸣，这个国家本身也在有些欲遮还羞的怀旧和对返老还童的向往之间摇摆不定，由此出现了一种奇特的身份，与其说它不幸，不如说它模糊。为了厘清他所感觉到的混乱（备受理性主义者谴责的一种状态），冬眠者参考了他以前的哲学教授弗朗索瓦·达戈涅③的著作，书名就叫《混乱》。"混乱通常产生于一个实体被另一个外来实体入侵的时候，比如当人们搅动河床时，河水透明度会下降，因为沉积在河底的固体颗

① 阿尔贝·梅米（1920—2020），突尼斯裔法国作家，代表作有《被殖民者的肖像》《殖民者的肖像》等。
② 阿尔蒂尔·兰波（1854—1891），法国著名诗人，象征主义诗歌的代表人物，著有诗集《地狱一季》《灵光篇》等。
③ 弗朗索瓦·达戈涅（1924—2015），法国哲学家，研究领域为科学史、认识论、伦理学、当代艺术美学。

粒被翻上水面，让河水变得浑浊了。"这个外来实体所指涉的绝对不是阿拉伯、马来或阿兹特克。但我们能将它的到来称为侵略吗？冬眠者遇到过许多思想自由的人，浏览的是未经审查的杂志，青少年们则在每个周六的晚上手持蜡烛，加入声势浩大、喧嚣、令许多人心向往之的集会，没有丝毫的外部约束或显而易见的洗脑。没必要像喊"狼来了"那样，大惊小怪地将它称为"侵犯"或"灾难"。此外，在冬眠者的心里，透明和清澈并没有太高的价值，他更欣赏丰富多彩的纠葛和胶着的状态、彩虹的绚丽以及巴洛克音乐和嘎里瓦里①所带来的幸福。他可不是《大地与亡者》②的受众。陷入两难境地的冬眠者郁郁寡欢，脑海中闪过一个疯狂的念头。

"既然这里跟美国一样，那我不如直接去美国？"冬眠者心想，"干脆点，直抵根源。他们的现在就是我们的未来。它从过去到现在一直如此吗？好吧，我要给我们的未来指明方向。"什么都逃不过这位可伦坡探长③式人物的眼睛：尽管法国的宪法委员会还没有变为美国式的最高

---

① 嘎里瓦里，一种西方民间习俗，人群聚在一起闹腾，敲打锅碗瓢盆，制造不悦耳的音乐与喧嚣声。

② 《大地与亡者》，法国民族主义作家莫里斯·巴雷斯（1862—1923）于1899年在右翼组织法兰西爱国者同盟的集会上发表的演讲，号召重建法兰西的民族意识。

③ 可伦坡探长，美国经典电视片中的主角，洛杉矶重案组刑警，看似不修边幅，但总是以强大的推理能力侦破各种案件，让犯人无从抵赖。

法院，但随着司法机关日渐凌驾于立法机关之上，法国变为一个美国式的法治国家已是指日可待；以利益集团的名义提起诉讼已成为可能；国家元首在公开照片里与伴侣卿卿我我也已成为可能；爱丽舍宫变成了举办盛会的场所，办公室则变成了偷情的场所；总统直接通过电视镜头向上下两院的议员发表讲话，不再遵照宪法第18条规定，通过国民议会议长向议员传递咨文；所谓的性别理论开始流行；新闻发布会上使用的路易十四的座椅已被有机玻璃制成的讲台替代；总统大选中的"选票"概念被普遍接受；他不在时，家乡还出现了许多其他出名的新事物，它们也已被广泛使用，诸如class actions（集体诉讼）、State of the Union Adress（国情咨文）、gender studies（性别研究），等等。冬眠者在过去落伍了，但现在，他要抢占先机。他不会再带着诚惶诚恐的心情去追求必要的改革了，改革者永远是罪人，永远是蠢货，永远是少数派，遭受着多数派的毒打。冬眠者要开一家自己的consulting（咨询）公司，取名为France for Ever（永远的法国），在一份news pure players（纯新闻报纸）上开设每周专栏，撰写的经验总结将是傲慢而轰动的。晋级为一个落后部落的trendsetter（潮流引领者）后，他会去抨击那些无能者，并在门下聚集一批急于超车的追随者。

　　这一天才的想法如同给火药点了火，一发不可收拾。

他并不向往白宫，但他仿佛能看见将来的自己正同美国参议员们称兄道弟，跟比尔·盖茨拍肩拍背，和施瓦辛格一口气喝完一瓶健怡可口可乐，在拉斯维加斯的赌场听戈尔巴乔夫的讲座，与美国最高法院的大法官们谈笑风生，走遍华尔街，去麻省理工学院媒体实验室或Aipac（美国-以色列公共事务委员会，支持以色列的游说团体）参观，以全面了解选举活动是如何组织与运作的，或者去科学教①总部了解各类异端邪教的教义教规。

*

接下来要做的就是把理论付诸实践了，这对法国人来说从来不是理所当然的（将发明转化为工业专利不是他们的强项）。虽然话是这么说的，但冬眠者并非初出茅庐，他跟所有急功近利、尔虞我诈、写得一手烂文章的人一样，头脑十分机灵，长袖善舞——"在那些重大机遇面前没能留下历史影响的人，在其他情形下也注定一事无成"（戴高乐语），他甚至把自己归为有些手腕的天才。法国人的天性就是高估自己的才华。

––––––––––

① 科学教，创立于20世纪50年代的美国邪教，曾犯下诸多罪行，是教主的敛财工具，在中国、法国、英国、德国、俄罗斯等国皆被认定为邪教组织，但美国当局却无视其罪行，仍将其认定为合法宗教。

　　他认识一家电煮锅创业公司的创始人，他曾对冬眠者表示出好感。这家前景光明的公司，所有的业务都通过eBay（易贝网）完成。ebay在法国是第四大电子商务网站，其支付安全性由PayPal（贝宝支付平台）保证。该创业公司正在寻求一种真正的协作式管理模式。公司取消了漂流、卡丁车、彩弹射击或保龄球等员工出游活动，代之以"盖茨比晚会"，认为与其把时间花在团建活动（打造共同记忆，让员工发现自我潜能）上，不如多创造些社交场合。这位朋友请冬眠者帮忙撰写一篇在晚会开幕时发表的speech（演讲），冬眠者于是通过传真给他发去一份稿子，稿中所用言辞十分激动人心："推动事业发展，传递强烈信号，力求零风险，展示创新精神和公民形象，做好备选方案，研究差距所在，成为市场引领者，争取参加下一届拉斯维加斯国际消费类电子产品博览会。"这番大胆的言论大获成功。有一天，那位风险投资人跟他谈起一个名为"法美基金会"的组织，它对公众而言较为陌生，却培养了大批青年领袖。他拿出了该基地培养的名人和领导者名单——法国所有有点名望的人物都在上面，不管是左派还是右派，他们遍布总统府、议会、政府机构、出版社、电视台、报社、实业界。这份名单让他大吃一惊。朋友建议他向这所传奇的进修学校介绍其事业构想，说不定可以借此入圈，冬眠者感觉看见了一角蓝天。两周后，那人又来找冬眠者，一脸尴尬：尽管冬眠者有着年轻人的外表，这一点毫无疑问，但他已超龄，基金会看不到他的职业前景。

向右派转变的尝试失败了，左右逢源的冬眠者又尝试走左派路线。他向一位老同学求助，那位同学在他眼里是位纯粹且坚定的马克思主义者，如今已成为北美顶尖大学里的有机知识分子（intellectuelorganique）①。对方会否为冬眠者打开一扇门，说几句好话？然而那位同学冷淡地拒绝了他，因为觉得他太优柔寡断，且在政治上不可靠，对革命持骑墙态度。冬眠者不是社会主义的叛徒，绝对不是，他只是没有主见，是朵苍白的玫瑰。做他的介绍人会让自己名誉受损。

冬眠者感到了厌倦。他屈服了，心甘情愿地走上了民主主义道路——向美国领事馆申请一份普通签证。他到加布里埃尔大街递交了材料，在封面上留下姓名、照片和联系方式，然后就等着。一个星期，两个星期，三个星期过去了，什么都没收到，直到有一天，他在信箱中发现了自己的材料，被退回来了。材料没有被拆开过。

冬眠者非常沮丧，他明白了，自己将永远在原地踏步，上不了车。

---

① 有机知识分子，意大利共产党创始人、马克思主义理论家葛兰西提出的概念，与"传统知识分子"相对。根据葛兰西的理论，传统知识分子常被视为一个独立的社会阶级，有机知识分子则从属于培养他的阶级，因此无产阶级需要培养自己的有机知识分子，从资产阶级手中夺取文化霸权。

历史年表

　　1943年，西蒙娜·薇依就已天才地预感到全球的美国化现象。美国化是个充满诱惑力且具有决定性意义的进程，也正因如此，它才难以捉摸。这并非偶然，正如罗马化尽管同样充满诱惑力且具有决定性意义，却在古典学研究中不被重视。究其原因，首先是因为巅峰总比低谷更引人注目——关于奥古斯都时代的文献多如牛毛，关于忠诚者尤里安[①]（人称"背教者"）时代的文献却明显少了；其次是因为此类进程不会记录在年鉴中，难以进行历史分期——因为它尚未完成，而且与罗马军团在其占领的土地上留下的"强烈印记"相比，罗马化留下的是"轻柔印记"，其中可记录的东西相对较少。在这里，没有明显的界标，没有类似于公元410年亚拉里克一世[②]对罗马城的洗劫、1453年君士坦丁堡的陷落和1521年夺取特诺奇蒂特兰[③]

[①] 尤里安（332—363），古罗马皇帝（361—363），君士坦丁大帝之侄，即位后宣布与基督教决裂，下令恢复罗马多神教，故被基督教会称为"背教者"。本书作者在其剧作《忠诚者尤里安，魔鬼的盛宴》中为尤里安正名为"忠诚者"，以揭露以基督教为代表的一神教的狂热主义和恐怖主义本质。

[②] 亚拉里克一世（约370—410），西哥特王（395—410），401年后数次攻入意大利，410年攻陷罗马城。

[③] 特诺奇蒂特兰，墨西哥的一处古都遗址，曾是阿兹特克帝国的首都，1521年被西班牙殖民者攻陷，它的陷落标志着阿兹特克帝国的灭亡。

等的重大事件。较之数千年来的气候变暖历程而言，数十年间的思想演变也不太适合做编年史。然而，结果就在我们眼前。密涅瓦的猫头鹰只在黄昏时分飞身而起①，只有当大西洋时代进入尾声之时，我们才能在该休止的地方画上休止符。假使我们依然生活在现代社会的浮士德阶段，我们又能否发现公元1336年以及彼特拉克的《登旺图山》②的历史意义？人类从那时起便进入了一个新阶段，山峦（如古希腊的奥林匹斯山）之存在不再是为了被凝视，而是为了被征服。实际上，罗马帝国一消失，人们立即就可以区分出其历史的不同阶段和转折点，更何况它在各行省和罗马市中心都留有永久痕迹。七丘之城罗马，以其柱廊和庙宇，让它主导的"全球化"成为不朽。它还用凯旋门来纪念其骁勇的胜利者，这种官方荣誉由元老院在"正义"之战结束后授予，并被广泛记述（至少有5000名敌人被军队总司令、执政官或皇帝杀死）。旧金山和洛杉矶却从未经历类似的场景，那里发送出来的电波充满情感和魅力，没有粗制滥造的翻译。美国人对传布信仰秉持的是一种漫不

①　此句话出自黑格尔（1770—1831）的《法哲学原理》，旨在说明历史进程只有在完成后才能被哲学理解。密涅瓦是古罗马神话中的智慧女神，其猫头鹰是智慧的象征。
②　《登旺图山》，意大利文艺复兴时期诗人彼特拉克（1304—1374）于1336年登旺图山后写给一位神甫的书信。彼特拉克登山事件被后世学者认为是文艺复兴运动的开端，是欧洲开始走出黑暗中世纪的标志。

经心的热忱，所以美国化进程在当下的考古学中缺乏足够的文献资料来源。

就让那些研究即时历史的冒失鬼来处理这个问题吧，因为我并不是一名历史学家。除了因缓坡没有信号牌这一风险以外，我们还容易被无处不在的表象迷惑，无法深入其背后的本质。巴黎迪士尼乐园开园引起强烈抗议，被定性为"文化界的切尔诺贝利事件"，但其影响与艺术中心由巴黎转移到纽约的漫长过程相比只是沧海之一粟。但是，谁又能说清大家口中的"当代艺术的腾飞"究竟始于何时？1915年，1920年还是1947年？1964年，它突然出现在威尼斯，但那仅仅是个落脚点。现如今的少女们节日里会穿着盛装、举着手杖、戴着红色筒状军帽在村中广场上举行庆典游行，而克利希苏布瓦①的小伙子们则会反戴棒球帽装酷，这些现象可以追溯到何时呢？又是从什么时候开始，书店里高踞的人文科学类图书让位给了"生活实用"类图书，在教室里点名时叫名不叫姓，在电视节目中用"你"替代"您"的呢？用"你"代替"您"的用法来自英语中的you，在英国的确就是这么用的，但迫使我们接受此种用法的则是美国。这种用法占领了我们的showbiz（娱乐界），继而影响了我们的政治人物（他们被人民攫住，

---

① 克利希苏布瓦，巴黎北郊的一个市镇，有较多移民聚集，社会治安问题突出。

就像特鲁阿代克先生①被放浪形骸攫住一样）。初次和最后一次都是重击。比如，文学研究具体是从哪天起失去社会效用的？文学无用，这在我们如今的大学里是公认的，无论是教授还是学生（现在都已变成了女学生），都这么认为，但还没有一个明确的法令来规定它的无用性。此外，还得考虑每个人的个性和共性，这可不像四季更替那样有规律可循。在法兰西"民族独立"的拥趸眼里，戴高乐领导的1958—1969年是一个小阳春，密特朗执政期间的1981—1983年插曲②是一段短暂的晴朗春日，希拉克对入侵伊拉克说"不"③的2001年④则是隆冬里的一缕阳光。"西方联盟"的信徒们则不然，他们将冬天划给戴高乐，将秋天划给密特朗，至于希拉克在联合国安理会行使一票否决权，则是一次反常的寒流。对于个人品位和政治立场，我们在此不作讨论。

---

① 特鲁阿代克先生，法国戏剧家、小说家儒勒·罗曼1923年创作的剧作《放浪形骸的特鲁阿代克》里的主人公。

② 法国社会党人密特朗（1916—1996）于1981年当选总统，成为第五共和国第一位左派总统。在他执政之初的1981—1983年，他严格依照1972年与法国共产党签订的《法国共产党和社会党共同施政纲领》施政，实施大规模国有化，提升工人阶级待遇。但由于经济恶化，他于1983年改变了经济政策，重新推行私有化，实行经济紧缩政策，背叛了工人阶级，导致左翼联盟破裂。

③ 2001年"9·11"恐怖袭击发生以后，时任法国总统的希拉克（1932—2019）一直反对美国以此为借口入侵伊拉克，并于2003年在联合国安理会上对美国提出的授权对伊动武提案投下否决票。

④ 作者在此处的表述有误。应为2003年。

　　下文列出的时间表自有其理由，权当开胃。那是向读者发出的一份邀请，让他们以此为启发，依据自己的标准列出自己心目中的时间表。大小事件交混在一起，我为此道歉。当人们忘记一切的时候，只会对《西区故事》[①]或赛德·查里斯[②]的渔网袜更感兴趣，而不是被理查德·尼克松放弃的金本位制或被乔治·马歇[③]抛弃的无产阶级专政。记忆自有分拣功能，会将严肃的部分和非严肃的部分区分开来。我只看到，由伦纳德·伯恩斯坦作曲的那部音乐剧，讲述的是白人组成的"火箭帮"与波多黎各人组成的"鲨鱼帮"之间的争斗，后于1961年被搬上银幕，它的寿命比1981年付诸实践的《法国共产党和法国社会党共同施政纲领》中的110条主张的寿命更长。文化并不遵守年代的顺序。

　　由于能力不足，我只能着眼于法国。按照既定的时序，短暂的20世纪随着血流成河的第一次世界大战（法方170万人死亡，还有400万伤残人员）拉开序幕，展现出专横的一面。对英国人而言，同样的体验应该始于1945年（大英帝国辖制的新加坡于1942年陷落）。尽管法国先于

---

① 《西区故事》，首演于1957年的百老汇音乐剧，由美国作曲家伦纳德·伯恩斯坦（1918—1990）作曲，讲述了白人组成的"火箭帮"与波多黎各人组成的"鲨鱼帮"之间的帮派争斗，后于1961年被改编为同名电影，大获成功。

② 赛德·查里斯（1921—2008），美国舞蹈演员和电影演员，代表作有《雨中曲》等。电影公司曾为她的长腿购买高达100万美元的保险，成为一时佳话。

③ 乔治·马歇（1920—1997），法国政治家，曾任法国共产党总书记。

英国衰落，但两个国家的转折点都是一场战争，前者是一次虚假的军事胜利（1918年），后者则是一次货真价实却又万分艰苦的胜利（1945年），它们都导致相关国家跌下领奖台。"战争是万物之父"（赫拉克利特语），好坏相随。

1919年，《凡尔赛条约》签订。两个世纪以来第一次，国际协议不再以法语文本为准，因为威尔逊总统要求使用英语。法语不再是外交领域的通用语言。

1920年，杜尚[1]和曼·雷[2]在纽约创立了"匿名社"，展出现代艺术作品。"这个20世纪上半叶最聪明和最让人感觉不舒服的人"（安德烈·布勒东对杜尚的评语），自1915年起在美国安家。署名R.马特的"小便池"[3]——也就是那个众所周知的ready-made（现成品），1917年在纽约展出（置于一块挡板之后），轰动一时。

1925年，米高梅从法国商业信贷银行手中收购了高蒙公司的股份。电影业作为造梦工厂，其中心正式从巴黎转移至好莱坞。

---

[1] 马塞尔·杜尚（1887—1968），法国艺术家，20世纪实验艺术的先锋，因出奇的独立思维能力和对传统艺术观念的全面挑战成为达达主义的代表人物，同时也是动态雕塑和现成品艺术的开创者。

[2] 曼·雷（1890—1976），美国先锋视觉艺术家，达达主义的奠基人，超现实主义摄影的先驱。

[3] 作品名称为《泉》，被认为是20世纪最有影响力的艺术作品，改变了西方现代艺术的发展进程。

1926年，夏尔·百代①将战前从乔治·伊士曼②手里夺来的胶卷制造垄断权又重新出让给柯达公司。

1927年，华纳兄弟娱乐公司制作了第一部有声电影《爵士歌王》。制作人说："如果影片大卖，全世界都将说英语。"（法国1930年才有有声电影。）

1943年，占领区盟国军政府（AMGOT）成立。身负解放和占领双重任务，罗斯福总统签署了有关法国解放后的国家行政管理方案，准备赋予盟军最高指挥部管理法国全境的权力，并计划在法国发行一种由美国印制的货币，由美国的政府机构向法国民众发放。1944年春，在艾森豪威尔将军的支持下，戴高乐挫败了该企图。

1946年，法美签订布鲁姆-伯恩斯协议。此前的维希傀儡政府曾禁止播放美国电影。根据协议，法国的部分债务被免除，作为交换，美国在"trade follows the film"（贸易随电影而至）这句至理名言的指引下，要求法国放弃对美国影片设置配额限制，并大幅缩短电影院专映法国影片的时间（由每季度七周减为每季度四周）。作为应对，让·马莱③和西蒙娜·西涅莱④成立了保卫法国电影委员

---

① 夏尔·百代（1863—1957），法国电影工业的先驱之一。
② 乔治·伊士曼（1854—1932），美国摄影技术领域的发明家，柯达公司的创始人。
③ 让·马莱（1913—1998），法国男演员、电影导演。
④ 西蒙娜·西涅莱（1921—1985），法国女演员，法国第一位奥斯卡金像奖得主。

会，法国国家电影中心也出来挽救法国影片，此时法国电影的出品数量已下滑了一半。在战后的德国，美国电影的传播甚至不受任何管制。

1946年，在提出马歇尔计划的同时，美国启动了富布莱特项目（programme Fulbright），旨在"重建欧洲知识界"。

1948年，《世界人权宣言》颁布，它是"我们这个时代的道德水准线"。该宣言由在巴黎夏乐宫召开的联合国大会投票通过，但起草工作是在美国前总统遗孀、伟大的埃莉诺·罗斯福的支持下，于1947年在美国成功湖村完成的。该宣言具有普遍性，在两方面表明比1789年宣言①前进了一大步：任何个人，无论是无国籍者、难民、移民还是寻求庇护者，都是不可剥夺的权利的主体；宣言中的有关规则，尽管没有强制性，但要求所有国家执行。勒内·卡森②争取到宣言首句沿用法国《人权和公民权宣言》的第一条，但用"人类"（êtres humains）替代了"人人"（homme），宣告"人类生而自由，在尊严和权利上一律平等"。标题中"公民权"一词被删去了，因为依据启蒙精神，这个概念指因"公民身份"而拥有的民事权利，公民可以依靠自身制定法律，但在美国的观念中，是

① 指法国大革命时期颁布的《人权和公民权宣言》。
② 勒内·卡森（1887—1976），法国法学家、法学教授和法兰西学术院院士，联合国教科文组织创始人之一，参与了《世界人权宣言》的拟定，1968年获诺贝尔和平奖。

造物主，即上帝，赋予人以权利（根据美国宪法第二修正案，其中甚至包括学生持枪上学的权利）。开场白中虽然没有上帝的影子，"信仰"这个词却出现了两次。其中的"the human rights"如今被译作"人类权利"（les droits humains），而非"人权"（les droits de l'Homme）。

1950年，文化自由大会在巴黎召开。

1953年，让-雅克·塞尔万·施雷伯①和弗朗索瓦丝·吉鲁②共同创办《快报》，模仿美国《时代》周刊的风格，后在1964年发展成法国第一大新闻杂志。

1955年，开设欧洲第一电台。

1956年，比亚里茨出现第一批冲浪运动员。

1959年，某份周报上首次出现畅销书名单。

1962年，《你好，伙计》开播。该广播节目1949年由美国原创，共制作了45集，主持人和受访者均以"你"相称。在猫王埃尔维斯·普莱斯里和英国泰迪男孩③的启发下，约翰尼·哈里戴（原名让-菲利普·斯梅）、艾迪·米切尔（原名克洛德·莫瓦）、雪儿薇·瓦丹、迪克·里弗斯（原名埃尔维·弗内里）、弗兰克·阿拉莫（原名让-弗

① 让-雅克·塞尔万·施雷伯（1924—2006），法国政治家、记者、随笔作家，亲美人士，曾任法国改革部部长。
② 弗朗索瓦丝·吉鲁（1916—2003），法国政治家、记者、作家，亲美人士，曾任法国文化事务国务秘书和女性事务国务秘书。
③ 泰迪男孩，20世纪50年代发源于英国伦敦的亚文化，参与者多为富裕阶层的年轻人，穿锥形裤和长外套，爱听爵士乐和摇滚乐。

朗索瓦·格朗丹）等一批新的歌坛偶像锻造出一种反文化（其中的弗朗索瓦丝·哈迪还带着点儿法国味道）。新的年龄阶层——青少年光荣崛起，他们眼中的明星节目《你们太棒了！》的片头曲就节选自《自新大陆交响曲》①。

1963年（6月22日），"疯狂之夜"免费音乐会在巴黎民族广场举行。目光敏锐的埃德加·莫兰②指出："它象征着未来。"Merchandising（推销）、fan-clubs（粉丝俱乐部）、showbiz（娱乐）产业等由此起步。爵士乐迷们变成了摇滚乐迷，将"我在摇摆""我爱摇滚"挂在嘴边。音量大增，质也有了飞跃。

1964年，劳森伯格③获威尼斯双年展大奖，这不啻为巴黎画派敲响了丧钟。巴黎本是世界艺术的中心，现在则被边缘化了。艺术家参照的对象变成了波洛克、纽曼④、罗斯科⑤、德·库宁⑥、弗朗兹·克莱因⑦、马瑟韦

---

① 《自新大陆交响曲》，即捷克作曲家德沃夏克（1841—1904）客居纽约时所作的《第九交响曲》，曲中使用了大量美国元素。
② 埃德加·莫兰（1921—   ），法国当代著名社会学家、哲学家，主张以一种"复杂思维范式"进行思考。
③ 罗伯特·劳森伯格（1925—2008），美国艺术家，波普艺术的代表人物。
④ 巴内特·纽曼（1905—1970），美国艺术家，抽象表现主义和色域绘画流派的代表人物。
⑤ 马克·罗斯科（1903—1970），美国抽象表现主义艺术家。
⑥ 威廉·德·库宁（1904—1997），荷兰裔美国艺术家，抽象表现主义的灵魂人物之一，行动画派的大师。
⑦ 弗朗兹·克莱因（1910—1962），美国抽象表现主义艺术家，他的画颇有中国书法抽象表现意味，注重笔触的虚实相间。

尔①等人。"从今往后，欧洲艺术家如果想在国际上成名，就得去纽约生活或发展。"新浪潮运动在电影界的飞跃，减轻和掩盖了法国不再是拍卖中心和艺术舞台的事实。2015年，巴黎占全球艺术品市场的份额仅为4%。

1972年，戛纳电影节上，展演影片的选择不再听从外交部的意见，而是由组委会独立决定。美国导演约瑟夫·洛塞担任评委会主席。自1946年以后的20多年里，只有法国的作家坐过这个位子。此后，除了1976年的田纳西·威廉斯②、1979年的弗朗索瓦丝·萨冈③和1983年的威廉·斯泰伦④之外，电影将只由电影人来评定。尽管评委会也向其他国家开放，其他国家的著名电影人都有机会以该国总代表的身份在评委会中占据一个席位，但每年5月，魅力四射的红毯承载着我们共同的想象，总是将戛纳变成加利福尼亚。世界最大的电影节和最大的电影市场追求独立的行动宣告了电影界的Independence Day（独立日），电影最终挣脱了欧洲文学的庇护。"再说，电影是一种产

---

① 罗伯特·马瑟韦尔（1915—1991），美国艺术家，以抽象表现主义绘画及有关现代艺术的论著而著名。
② 田纳西·威廉斯（1911—1983），美国剧作家，代表作有《欲望号街车》《玻璃动物园》等。
③ 弗朗索瓦丝·萨冈（1935—2004），法国作家，代表作有《你好，忧愁》等。
④ 威廉·斯泰伦（1925—2006），美国小说家，代表作有《纳特·特那的自白》《苏菲的选择》等。

业。"马尔罗①这样认为。

1974年，转折性的一年：法兰丝·盖儿②和米歇尔·贝吉③选择去洛杉矶共筑爱巢。瓦莱里·吉斯卡尔·德斯坦当选为法国总统，其助选活动由肯尼迪总统的选举顾问约瑟夫·纳波利坦策划。吉斯卡尔·德斯坦是第一个利用家人来宣传其形象的法国总统候选人（在大选海报上，他的一个女儿站在他身旁）。他邀请彼时尚未成名的电影导演雷蒙·德帕东拍摄记录他的大选活动，还请已经名声在外的摄影师雅克–亨利·拉蒂格在其官方发布的照片上署名（选举运动已不再依靠写作与著书）。他用英语发表了一次演说。外在形象代替了政治纲领，图片代替了印刷文字，私事代替了公事。没有了严肃感（去爱丽舍宫就职时穿的是整套西装而不是燕尾服），庄重的气氛不再（《马赛曲》改变了节奏），口号变为：让法国再次焕发青春（占世界人口的1%）。

1981年，科鲁彻④竞选法国总统。他把政治权力好好地嘲笑了一番，这给财权的入场提供了一个很好的开场白，如果再添加些专业人员提供的援助，那么事情就能

---

① 安德烈·马尔罗（1901—1976），法国作家、政治家，曾任法国文化部部长，代表作有《人的境遇》《征服者》《希望》等。
② 法兰丝·盖儿（1947—2018），法国著名流行女歌手。
③ 米歇尔·贝吉（1947—1992），法国著名流行男歌手。
④ 科鲁彻，米歇尔·科鲁奇（1944—1986）的艺名，法国喜剧演员和电影演员。

朝着正确的方向发展了。不久之后，罗纳德·里根当选美国总统，为伊夫·蒙当①提供了榜样。独立电台如雨后春笋般涌现，很快发展为商业电台。剧集《朱门恩怨》（Dallas）②和《豪门恩怨》（Dynasty）③大获成功。

1984年，废除国家学位论文。新的博士生朝美式的PhD看齐。随后建立了LMD（三个字母分别代表"学士学位""硕士学位""博士学位"）教育文凭体系。

1989年，《成功之城》④节目首次播映，大老板、传媒界巨擘以及影视明星们花了两天时间，在索邦大学的大阶梯教室里共同庆祝自己的社会成就。

1998年，万圣节，祭奠亡者的日子。南瓜、面具和糖果占据了大型超市和杂志封面，孩子们按响各家门铃，社会学家们则百思不得其解。据说这股潮流来自美国，随后我们才得知它实际上是凯尔特人的仪式，由爱尔兰和威尔士移民传播到北美。这个美国标签赋予"面具之夜"以威望与魅力，使之大获成功。这个归因错误实际上是广告商故意犯下的：这对商业来说必不可少。

---

① 伊夫·蒙当（1921—1991），法国著名歌手、电影演员，1988年曾竞选法国总统。
② 《朱门恩怨》，美国CBS电视台1978—1991年播出的电视剧，讲述了美国一个石油富豪的家族变迁。
③ 《豪门恩怨》，美国ABC电视台为对抗CBS电视台的《朱门恩怨》而制作的相同主题电视剧。
④ 《成功之城》，法国电视节目，每期节目都会邀请各界社会名流到索邦大学，与学生们一道进行辩论与交流。

1998年，在*We are The Champions*（《我们是冠军》）的赞歌中，所谓的black-blanc-beur（指由黑人、白人和北非人三大族群组成的）法国队赢得了世界杯足球比赛。通过为黑人球员和北非裔球员举办的（反种族主义的）庆祝仪式，法国人接受了美国式的种族区分原则，并用它取代了旧的单一民族原则①。过去追求平等的左翼转而开始追求多样性。"社会问题"一词的词形也发生了变化（从social变成了sociétal②）。大家的靶子不再放在一个阶级对另一个阶级的剥削上，而是转移到了对少数族裔的歧视上。

《索邦宣言》发表（比《博洛尼亚宣言》早一年），法国开始采用欧洲统一的高等教育学制，将高等教育分为本科和研究生两个阶段。一个学年由三学期学制改为两学期学制（2002年开始实施），用ECTS（欧洲学分互认体系）替代原来的大学学分制：现在每年需修满60学分，获得一个学士学位总共需修满180学分。目的：让开设的课程更好地得到国际认可。

2001年，火车站和机场里的驿站H便利店（Relais H，H表示1852年建立的阿歇特公司）更名为采用英式拼写的

---

① 法国在传统上不对其公民的血缘、肤色和来源地做区分，只要认同共和价值观和法兰西民族，那么他就属于法兰西民族，这与通过血缘、肤色和来源地来对公民做严格的族裔区分的美国大相径庭。

② 在法语中，social和sociétal的意思都是"社会的"，但前者强调人与人之间的关系，后者强调社会本身的属性、价值观和体制机制。

Relay，诊所和医院里的则不受影响。法语拼写法在垂死者和残疾人面前保留了下来。

2005年，索邦大学的毕业证颁发仪式模仿了人们向往已久的模式：博士生们身着黑袍，头顶方帽，活动结束时将其抛向空中。名为Doc'Up（博士雄起）的研究生组织会组织一些活动，如After Work（工作后小聚）、Summer Party（夏日派对）、tournois sportif（体育比赛）等。

2007年（11月7日），法国总统尼古拉·萨科齐在位于华盛顿的美国国会发表讲话："从美国人登上月球的那一天起，美国就成了全世界的美国，每个人都想跻身其中。最令人惊叹的是，透过你们的文学、电影和音乐，我们感到美国总能从考验中变得更强大与伟大。我们认为这些考验不是为了让美国怀疑自己，而是为了使你们更加坚信自己的价值观……站在国会的讲坛上，我要说，美国的实力不仅是一种物质实力，更是一种精神力量。"

2009年，法国重返自己于1965年退出的从属于大西洋同盟的北约军事一体化机构。在该同盟中，美国负责提供50%的人力、物力和75%的军事力量。"跨大西洋关系"得以恢复。

2016年，夏季奥运会在里约热内卢举办。作为奥运会官方语言之一的法语，首次被排斥于通告和发言之外，而法国政府并未提出抗议。《国际先驱论坛报》（一份泛欧洲日报）改名为《国际纽约时报》，其编辑部由巴黎搬往纽约和香港。位于巴黎的I-Télévision电视台也更名为CNews电视台。

2017年，经济、工业和数字事务部前部长马克龙参加总统大选，奏《马赛曲》时，他没有将两臂垂在身侧，而是采用了美国公民听到国歌演奏时的姿势：右臂弯曲，手掌置于心口。这个姿势此后成为跨种族、跨党派的经典动作。法国申奥活动组织者们将申奥口号定为"Made for sharing"（为了分享）。

*

以上最后的年份只不过是转变过程中的一个定格镜头，再寻常不过。而这一转变过程也不过是无数次权力与学术中心转移中的一次，历史上早有先例（从雅典到罗马，从罗马到拜占庭，从拜占庭到威尼斯，从佛罗伦萨到巴黎……），其中没有任何令人难以接受或者很严重的东西。历史证明，一个主角顶多在世界舞台上领衔5个世纪，之后便会被先前的配角顶替。从文艺复兴的15世纪到美国主导的20世纪，西欧在这500年间忠实地扮演了自己的角色，可以高昂着头颅离开领跑位置了，即使立刻退役也没什么可耻的。西欧将交出接力棒，从一种文明虚心地变回一种文化。而在其内部，法国发挥了"强国"作用，在近3个世纪的时间里（1640—1940）起起伏伏，可以说是立下了汗马功劳（特别是在50到100年间拥有霸主地位，进行过跨国摄政）。但这并不意味着离开它原来的位子，而是换了职能，而且换了以后通常会更好。毕竟，甲之蜜糖，乙之砒霜。（后文再叙）

第四章

何为新文明？

现在没有，以后也永远不会有新人类，但是我们每个人安排和梦想生活的方式可能会定期更新。现如今最新的那一种自我标榜为普世生活方式，改变着我们的价值观和习俗。生活游戏的规则已发生改变，将三个物件奉为神明：空间、影像和幸福。和那些古老的程式一样，美国程式既有优点，也有代价。我们可以做一初步小结了。

在同一片天穹、同一个大气层下呼吸，在同一个星球上来来往往，有着同样的神经系统、骨架和器官，人们想不明白，自从能双脚站立以后（大脚趾终于平行，而不是相对着，那本是阻碍树栖灵长类动物下地行走的重要因素），人类这种哺乳动物每天操心的问题是如何发生根本上的改变的。下地行走大概是人类迈出的最具决定性的一步。直立的姿势解放了双手，使其可以制造工具，而原来用来进食的嘴，现在主要负责说话发声。同时，人类的脑容量也有所增加。人类开始与环境、微生物、气候作斗争，其具体情况则因动物种群、狩猎武器以及工具（一旦人类不再满足于用石头敲开坚果，工具便出现了）的不同而有所区别。

拉普兰驯鹿文明与佩里戈尔野牛文明不同，青铜文明不同于石器文明，水稻文明也与玉米文明相异。尽管如此，但不管是谁，只要他属于人类这个物种，那么自十万年前开始习惯于埋葬逝者并在他们的坟前奉上祭品时起，他就一直同空间、时间、欲望、死亡和病痛进行斗争。过去如此，现在如此，将来也是如此。尽管面对的问题亘古不变，但这并不影响环境条件的纷繁多样，因为两者之间的关系会随着自然选择压力的改变而改变。遗传学就是个例子。"依靠有限的几个基因，大自然可以写出一千部内容各异的小说。"（鲍里斯·西吕尔尼克①语）使用同样的音阶，人们既可以创造出蒙特威尔第式的音乐，也可以创造出瓦格纳式的乐章；同样是挂毯，贝叶挂毯②、戈布兰挂毯③和吕尔萨挂毯④三者各有其特点。每种文明都会创造出自己的组合，但不管是在法国科雷兹省还是在非洲赞比西河⑤，其内在本质都是相通的，否则人类就不会是一个统一的物种，它的各种分支组别将在同一空间中并肩而行，如同互不相干的异类。不管是来自哪里的人，在牌局上玩的都是同一套牌，否则他们就既不会相互影响，也不会相互感动或激怒对方。即使情感倾向互不相同，他们终究是在相同的琴键上以相同的调性演奏，否则他们中的每一个都会以自己为真理，都有些重要的东西要向我们讲述，而且讲述的东西不仅仅是关乎他们自己，还关乎我们。如果

---

① 鲍里斯·西吕尔尼克（1937— ），法国心理学家、精神分析学家、作家。
② 贝叶挂毯，世界文化遗产，创作于11世纪，现存于法国贝叶市挂毯博物馆。
③ 戈布兰挂毯，由戈布兰法国国家挂毯制造厂生产的挂毯，该工厂位于巴黎，始建于1601年。
④ 吕尔萨挂毯，由让·吕尔萨（1892—1966）设计创作的挂毯。让·吕尔萨是法国现代挂毯艺术家，在20世纪复兴了古老的挂毯艺术。
⑤ 在法语中，科雷兹省（Corrèze）和赞比西河（Zambèze）有着相同的韵尾，分别被用来指代法国本土和前法属非洲殖民地。

中国只是一块小小的地方，只是一种文化而非文明，思想上与西方毫无共性，那么我们就无法理解道教，也无从打坐；如果伊斯兰文明与我们没有亲缘属性，或不能为我们弥补某些不足，那就没有一个西方人会皈依它，并成天唱诵《古兰经》的开篇。我们每个人身上都有中国人和穆斯林的潜在影子，对我们中的每一个人来说，两者都是可以演奏的乐谱，大量的宗教改信就是明证。

　　同样，如果没有这一个至关重要的先天条件，那么在欧洲或其他地方的我们就不会特别热情地拥抱美式生活，不会说某位朋友有实力（以前我们会说某人出身高贵或思想深刻），不会把save the date（预留时间）当作我们的社会义务（以前我们是retenez la date，即记住时间），不会把携妻带子出席总统大选当作我们的政治义务（以前我们携带的是施政纲领），不会把立即"惩罚"或轰炸我们不喜欢的国家当作我们的外交义务（以前我们会在进行"打击"之前寻求与之对话）。总之，如果没有这一至关重要的先天条件，我们就不会改变我们在世界上的存在方式或发动战争的方式。没有人生来就从头到脚都是"美国人"，但所有人都可能在后天被塑造成"美国人"，只是程度不同、难易不定罢了。相较中国人、印度人或非洲班图人，爱尔兰人、意大利人或希腊人可能更容易释放他们性情中潜在的"美国因素"，取得美国国籍或融入美国社会。欧洲人有一个优势，即他们的基因或者说系谱中有随时可用的元素——《旧约》和《新约》、拉丁字母、线性时间、三段论和伽利略——而这些东西在中国就没那么有用。这些条件有助于法国人适应大西洋彼岸的新环境或在那里开始新的生活。正如我们那些从事工程师和计算机程序员工作的极客①在纽约或加利福尼亚所证明的那样。土生土长的美国人固然比后来者或移民在融入美式生活上有更好的先天条件，但在罗马、马德里或巴黎度过童年和青年时光的人们也有很大的机会能够前往大西洋彼岸的这座"伊甸园"。没人应该感到灰心。

所以，由比较不同生活方式间孰优孰劣而做出的价值判断注定只是一家之言，是一种机会主义式的武断，它完全取决于个人的习惯与喜好。一切都是相对的，我们需要避免做出绝对性的判断，毕竟人类学意义上的文化不变量的每一个变化都既有利又有弊，且都与我们息息相关。人们在评判他人的同时也在评判自己。不过，一种对本地族群有利的事物，换到别的地方，有可能会妨碍另一族群的生存。16世纪时，欧洲人在已免疫的病菌面前安然无恙，但同样的病菌却杀死了无数美洲印第安人；同样，一些对美国人而言有益健康的文化行为在欧洲人身上会被视作病态。

———————————

① 极客，即热爱科技，尤其是信息技术的人。

　　执掌人类旗舰的民族不断更迭，改变了最初发牌时的语气声调，也改变了通行的等级制度。为了留在船上，先前的出局者通常趋向于臣服在后来居上者的脚下。毫无疑问，美国是个充满活力的国度，国力强盛，创造力旺盛，生命力强大。它是"静止僵化的破坏者和未来的建设者"（艾黎·福尔①语）。美国人变成了上帝，肌肉发达，冷酷无情。那些不甘心出局的失意者和不幸者将它视为一方热土，在此白手起家。美式生活无疑是一种意识形态，应该称之为"崇美主义"（américanisme），只不过这个词在战前已丧失了信誉。它的功效在于将空间置于时间之上，将影像置于文字之上，将幸福置于悲剧之上，换句话说就是将外在意义置于内在意义之上，将所见置于所读之上，将对答案的热爱置于对问题的热爱之上。这三个细小的重心变化貌似波澜不惊，但它们改变了我们生存于世上的内在基础。

　　这种新的精神经济模式以空间为构成元素，以影像为制度保障，以幸福为指路明灯。

　　尽管这三个优先项可以在"America First"（美国优先）口号的催化下互相结合，形成一个体系，我们仍然会把它们中的每一个都单独拿出来进行考察。

---

① 艾黎·福尔（1873—1937），法国艺术史学家和随笔作家，著有《世界艺术史》等。

空间优先

如果说欧洲是与时间结盟，那么美国则是与空间为伴。与空间的先天同盟伙伴关系也许就构成了美国的精神本原，正如时间之于欧洲。这与形而上学无关，而与地球物理学有关（泰纳[1]发现环境对思想气质起着遗传选择的重要作用，其观点并没有过时）。地理学家维达尔·白兰士[2]也认为："一个民族的历史与它居住的地区密不可分。"人们不能选择自己居所的状态，而居所的状态则像一面哈哈镜，我们可以从中看到被它折射后的世界。此处的欧洲几无空间，而时间却积蓄得太多；彼岸的美国空间富裕，但时间少得可怜，时钟启动得较晚（没有或几乎没有旧石器时代的艺术）。在欧洲这片狭小的土地上，邻国长期以来都意味着一种危险，谁想抖动一下身体都不太容易。但美国地域辽阔，人们不用焦虑，总是可以到更远的地方去，去阿巴拉契亚山脉的西边，那里有大量的土地可供来自欧洲的移民——冰岛人、德国人、斯堪的纳维亚人使用

---

① 泰纳（1828—1893），法国文艺理论家、历史学家，孔德实证主义哲学的继承人之一，代表作有《现代法国起源》等。
② 维达尔·白兰士（1845—1918），地理学家，法国近代地理学奠基人，从事人类活动与地理环境关系的研究，认为自然与人文的空间关系是相互的，自然环境提供了许多可能性，环境的利用取决于人类的选择。

（1862年林肯颁布的《宅地法》规定，每个家庭可拥有65公顷土地）。在那里，随着边界日渐推远，人们将变得越发文明，而"殖民者"则是一个褒义词；在那里，土地开发得越多便越成功，"收租者"则并不是一个侮辱人的词汇。

其地平线时而在前，时而在内。在它前方尽头闪现的是一个无限的空间，那个空间虽然偏僻，但并非远不可及，而且充满传奇色彩；在它内里浮现的是从零开始的过去和模糊不清的起源，早于明面上的年份，充满奇幻色彩。物理空间并不具有同质性，其差别不仅在于体量，不仅仅是尼亚加拉大瀑布与布洛涅森林①里的小瀑布、落基山脉与阿尔卑斯山脉或者美国中西部与法国博斯地区②之间的不同。它牵涉的不仅是度量问题，而且是动力问题。在美国，空间并不意味着逗留或居住，而是意味着移动，公路即为其徽章。无论是私人马车与公共马车，还是汽车与摩托，抑或是喷气式飞机与火箭，"Go West, young man"（到西部去吧，年轻人）③总是其不变的主题。从骑马、驾哈雷摩托到乘探月飞船前往月球，从公路电影到《星球大战》，从配备各色皮制饰件、皮靴和皮衣的摩托车手到身着太空服的宇航员，无不如此。詹姆斯·迪恩④、马龙·白

---

① 布洛涅森林，坐落于巴黎西郊的森林。
② 博斯地区，法国西南部的平原区，是法国重要的农业产区。
③ 美国西进运动时期的口号。
④ 詹姆斯·迪恩（1931—1955），美国男演员，代表作是《无因的反叛》。

兰度①、杰克·凯鲁亚克②、彼得·方达③、科马克·麦卡
锡④，66号公路⑤、"移动的家园就是我的地盘"，《飞
车党》⑥和《逍遥骑士》⑦。蓝丝带⑧无拘无束地飞扬；边
界不断向前推进，谁越过它谁便能获得自由。由此，流动
性成了这个国家的模范准则，在那里成就事业，在那里
追求梦想。那里的人们把家安在车轮上，随时准备出发，
体验多种不一样的人生。我们和他们之间也许就是乡土
（terre）和领土（territoire）之间的区别——一个需要耕
作，一个需要征服；一个依靠犁，一个依靠左轮手枪。从
汽车到火车，美国的空间里充满了希望，在这个地方失败
了又何妨，到别的地方再找机遇。没有固定的居所，一生
中不只用一张固定的名片。而欧洲人的希望更多是在等待
中，人生的轨迹是从罪恶到救赎，从愚昧到知识，从战争
到和平。这其实也是游牧民族和定居民族之间的区别，是

---

① 马龙·白兰度（1924—2004），美国男演员，代表作有《教父》《巴黎最后
的探戈》等。
② 杰克·凯鲁亚克（1922—1969），美国作家，"垮掉的一代"的代表人物，
代表作有《在路上》等。
③ 彼得·方达（1940—2019），美国男演员，代表作有《逍遥骑士》等。
④ 科马克·麦卡锡（1933— ），美国作家，代表作有《血色子午线》等。
⑤ 66号公路，一条横跨美国东西部的公路，是美国流行文化的象征，被称为
美国的"母亲路"。
⑥ 《飞车党》，上映于1953年的美国电影，由马龙·白兰度主演。
⑦ 《逍遥骑士》，上映于1969年的美国电影，由彼得·方达主演。
⑧ 蓝丝带在美国是自由与公民精神的象征。

迁徙和定居之间的区别，是冒险派作家（如杰克·伦敦，当过水手、工人、洗衣工、淘金者、海豹猎人、环球旅行者，最后成为百万富翁）和学院派作家（只有一份工作、一个地址，无数次拖稿）之间的区别。欧洲就像一块经过深耕细作的林中空地，或一个被危机四伏的荒野、丛林、森林环绕的壁垒森严的村庄，一块由无数封闭的小世界镶嵌而成的马赛克，一串由众多僻静居所串成的念珠，一幅由一个个偏僻村庄构成的等距复式花纹。没有旷野要穿越，只有放行李箱和营造自己小窝的地方。因此，两者进行远足的方法也各不相同：在欧洲，我们往往会事先一程程计划好，以在提前标记好或定位好的地方（诸如平原上的一座小山丘或一座被封为圣所的山峰）驻足为乐；而在美国，人们陶醉于前方，尤其要把陈旧之物留在身后，与过去的生活告别，不再回头。两者各有各的出彩之处。从出版物来看，新大陆有《国家地理》，旧大陆则有各种历史期刊（在共和国的"正史"里，维达尔·白兰士是道前菜，主菜是拉维斯①）。

美国关注外部空间，欧洲则审视内部空间。印象派的"细微之感"不同于抽象表现主义的辽阔沙滩——这一判断并非基于画布的尺寸，而是基于笔触是跳跃的还是凝

———————

① 欧内斯特·拉维斯（1842—1922），法国历史学家，其主编的《法国史》成为第三共和国的历史课本。

练的。美国抽象表现主义的奥秘在于由外及内（罗斯科说过："画幅越大，你就越沉浸其中。"），法国印象派则反其道而行之，其奥秘在于由内及外。这是两种不同的路径，一个内敛，另一个则外向。乔伊斯①想在"核桃壳"中洞悉这个世界，而巴内特·纽曼在1948年画的则是核桃壳本身："我们正从记忆的累赘，从对传奇、神话以及所有西方绘画要表现的东西的怀念中解放出来。"如果世上有无形的纹章，那么在文学上它会将马塞尔·普鲁斯特与沃尔特·惠特曼对立，在电影上它会将维斯康蒂②与约翰·福特对立，在绘画上它会将博纳尔③与波洛克对立（或者，在单色画方面，将喜用饱和黑的苏拉热④与爱画明亮空白的罗斯科对立），在雕塑上它会将罗丹⑤或贾科梅蒂⑥与贾德⑦或塞拉⑧对立。有的诗歌是外在的，篇幅宏大；而有的诗歌是内在的，越短小越伟大。我们可以同时喜欢这二者，如

① 詹姆斯·乔伊斯（1882—1941），爱尔兰作家，后现代文学的奠基人之一，其作品多为意识流风格，代表作有《尤利西斯》《芬尼根的守灵夜》等。
② 卢奇诺·维斯康蒂（1906—1976），意大利电影导演，意大利新现实主义电影代表人物之一，代表作有《大地在波动》《白夜》《魂断威尼斯》等。
③ 皮埃尔·博纳尔（1867—1947），法国纳比派画家，被称为"色彩魔术师"。
④ 皮埃尔·苏拉热（1919—　），法国画家、雕刻家和雕塑家。
⑤ 奥古斯特·罗丹（1840—1917），法国雕塑家，代表作有《思想者》《加莱义民》等。
⑥ 阿尔贝托·贾科梅蒂（1901—1966），瑞士存在主义雕塑大师，代表作有《超现实表》《笼》等。
⑦ 唐纳德·贾德（1928—1994），美国极简主义雕塑家。
⑧ 理查德·塞拉（1939—　），美国极简主义雕塑家和录影艺术家。

果与此同时还能够不把这二者混为一谈，那就更好了。

　　有人居住的空间都有烟火和房屋，但不是所有的地方都像加缪笔下的提帕萨①一样，居住着神祇或幽灵。"区域"没有记忆，也没有自己的名字和容貌。这就是街区和城区之间、城市和都市圈之间的差异。前者如同磨搓出来的陋居，后者则是有规划、有设计的空间；前者是有机物，后者宛如机械。在这里的欧洲，迷宫似的城市呈向心状，布满小广场、小马路和阴暗的小街巷，弯弯曲曲，随心所欲，出其不意；在那边的美国，城市是直线形和离心式的，路边没有人行道，街道没有名字，车辆具有先行权。由于涌现了格状住宅区和到处都是大型超市（法国的超市数量也打破了欧洲纪录）的方形城市近郊，时间的充分利用让位于空间的功用，这就不利于居民就近享用公共服务，例如他们无法享用市立托儿所或多媒体图书馆。私营的超大型娱乐商业综合体开始出现，计划在法兰西岛大区建设的、有着迪拜式"冰雪公园"的欧洲城（Europa City）②就是一例。乡村地区也出现了美国式的功能集聚区，往往以Leader Price（领导价）超市③为中心，建有加

---

① 提帕萨，位于阿尔及利亚的古城遗址，始建于公元前7世纪，腓基尼、罗马、早期基督教和拜占庭等文明都在此留有遗迹。
② 欧洲城，法国大型文化旅游商业综合项目，坐落于法兰西岛大区，旨在从零售、休闲和文化设施方面展示欧洲国家的多种特点，发展新的城市中心。
③ 法国超市，号称全欧洲最便宜的超市。

油站、杂货店和健身俱乐部。无论是郊区还是城市社区，外形都大同小异，一样的独立屋，一样的白色栅栏，一样的草坪。我们的市郊也出现了"鞋盒"式的住宅建筑。喜欢吹蜡烛、生活富有仪式感的欧洲大陆现在却以喜欢换车、生活在移动中的北美大陆为榜样。虽然在巴黎，我们所谓的"左岸"和"右岸"依然是留存有历史记忆的地方（我个人避免使用"右岸"这一说法），某种世界观仍占上风，但人们在每个大都市圈都能看到，昔日的"文化场所"都已得到某种升级改造。以巴黎为例，咖啡馆和沙龙好像已经言归于好，但在100年前，它们曾大打出手，普鲁斯特的好友莱昂·都德讲述过这一情景（普鲁斯特曾将《盖尔芒特那边》①题献给他）。"与沙龙里的粗人相比，咖啡馆里的粗人外表更不精致，更少涂脂抹粉，更少焚香沐浴，他保持自己的锋芒、光亮和尖刻，如同凯旋的古罗马将军，时常听人说他：'您是个粗人。'咖啡馆里需要真正的思想者，他们即刻就能收获实实在在的笑声；而沙龙里的思想者大多数时候不过是个幌子，是索然无味的劣货，借由不自然的客套笑声得到认可、传播和延展。假才干好似假币，在咖啡馆里没有行情。总之，咖啡馆是学习率真和诙谐的学校，而沙龙往往是培养平庸和愚笨潮流的课

---

① 《盖尔芒特那边》，即《追忆似水年华》的第3卷。

堂。"（《沙龙和报纸》，1917年）巴黎留下了咖啡馆，关闭了沙龙，但打着其他旗号，不同场所之间的小摩擦依然继续，因为每个场所都沉湎于自己与他者之间小小的差异，自我陶醉，这是他们的魅力所在。由于其他一些社会原因，这种小差异依然继续存在，包括布尔迪厄在内的杰出的社会学家们，当他们把学者型社会与媒体型社会相对立时，往往喜欢强调这些原因。那些场所仅仅因为是历史的产物，就被打上"过时"的标签，可是即便被毁或被遗弃，它们也会在我们的城市和头脑中留下其指纹。

反场所（antilieu）则不留下任何东西。它们会改造，却不会创造。加油站、收费站、汽车旅馆、超市、停车场、机场、火车站等，都可移动，可随意互换和复制，没有明显标记，也没有一眼即可识别的特色。但思想匮乏也是一种思想，正如一片"无人地带"妄图成为一方领土，需用尽各种方法，比如给自己冠以专属名称（在美国，各州的城市会重名，因此提及某一具体城市时要在后面加上州名）。反场所并不固执，它们会搬迁到自己觉得合适的地方。如果觉得在其他地方能获利更多，它们就会迁居到那里。这是它们身上民主和天真善良的一面。高堂庙宇则没有这种灵活性，它们自认为无可替代、不能易位，紧抓家谱不放，这就促使城堡、名人故居、贵族公馆以及列入遗产目录或清单的各类遗址岿然屹立。一个场所的至高思想，就是让自己得以传承，传承给子孙、城市、地区或者国家，而不是传播。

什么是传播（communication）？**通过空间输送信息。**什么是传承（transmission）？**透过时间输送信息。**传播会啃噬传承，干扰传承，最后吞噬传承——美国精神和欧洲精神之间的关系就类似于这样。传播力最大的文明拥有最为杰出的传播艺术和技术，这并不令人吃惊。令人吃惊的是，我们还未实现传承，就提前滑向了传播，教育领域、国家机关、博物馆、教会、职业学校无不如此。荧屏嘲笑学校，记者嘲笑教授，旁门左道嘲笑正规训练，智能手机嘲笑老祖父。近一个世纪以来，我们使用的传播机器从何而来？来自一个将整个国度当作一个巨型实验室的国家，它发明了这些传播机器，并且年复一年地完善它们。在这些精密的传播机器的帮助下，空间将时间打碎后填入其缝隙中，把富于幻想的文明置于匆忙而紧迫的计时系统的规制之下："我们时间不多，请您说得尽量简短，因为我们还得连线其他几位记者与评论员。"人们会为时间讨价还价，却不再测量空间的大小。2000年的人们行色匆匆，打着电话，点击鼠标，联上网络，开机，关机，从一架飞机跳上另一架飞机，以秒来设置时间码，以一刻钟为单位安排自己的日程，有效移动区域延展到数千公里之外。1900年的农民步行去做弥撒或去市政厅，从农庄骑马到区域首府，情况恰与前者相反：他按照季节和农作物的生长周期来计划自己的日子，但活动空间仅限于可用脚步和公里丈量的区域。眨眼间一个世纪过去了，世界从自行车链条时代进入柴油发动机时代，距离对我们而言变得无关紧要，可丝毫的延迟都会让我们觉得无法忍受。全球化的速度与去历史化的速度同样迅速。随着（地面、空中以及信息技术的）网络和高速公路的扩展，我们的年代表在缩短。机器运转的速度胜过我们的反射弧，家庭成员间的地位因此颠倒了过来：爷爷要请稚儿来教自己如何使用某些东西，而小家伙对长辈别无所求，除了要钱去买最新的电子游戏，或在自己的游戏机上来一场电子竞技（全世界有2.05亿玩家，游戏里所有词汇都是英语）。良好的传播技术将优秀的传承艺术远远地抛在后面。在优兔视频网站使用者和千禧一代的眼里，即便在欧洲本土，美国的这项看家本领也让欧洲的原创性不复当年。

用了什么办法？以设备替换制度。制度在昨天和今天之间架起桥梁，而设备则把这里和那边连接在一起。对前者而言，它的职责（家庭、教会、国家、科学院、学校、语言）是保障传承；对后者来讲，要保证的是流通。伴随着"流动性的激增"（人员、资金、观点、才能、就业等）的是"连续性的断裂"（以及由此产生的身份困扰）。借助数码技术，空间构筑起的基础结构不断挤压着时间。如今，有什么跟"空间"挂不上边？汽车、剧院、等候室……街道被归为"步行空间"，教堂被归为"精神空间"，游乐场所被归为"儿童空间"，会议室被归为"交流和谈判空间"，列车被归为"联合办公空间"，布劳赛良德森林①被归为"绿色空间"。我们用俄罗斯套娃的方式，巧妙地将地方嵌入国家，继而将国家嵌入世界。至于将生命的一个阶段嵌入整个生命年轮，在这方面我们做得很差。人们忘记了父母的出生日期，忘记了祖辈葬在何处（如果他们不是火化的话）。但我们的汽车仪表盘上都装着GPS导航（很快就会换装伽利略导航）。我们在时间里的位置模糊不清，但在空间里，误差不超过4米。我可以清晰地确定位置，但搞不清时间的节点。"你在哪儿？"这是我们打电话时的第一个问题；"你从哪儿来？"则成了不合时宜的问题。日复一日，我们心照不宣地要求屏幕为我们展示一个翻新的、无中生有的世界，否则就不断更换频道，而换频道则意味着切断延续之物。这跟市场经济是一个道理，早上还在暴涨，到了晚上突然暴跌，其中没有明显的原因。

　　驯化时间的机器有一个缺陷：重复性。它不会每年都改头换面，正是这个长处造就了它的短处。它虽然不会

---

① 布劳赛良德森林，法国布列塔尼地区的传奇森林，亚瑟王传说中的许多故事均发生于此，与魔法师梅林和仙女薇薇安的故事紧密相关。

让人窒息，却会令人哈欠连天。总是同一番模样！相反，我们用来驯化空间的机器则日新月异，每个新型号都让我们忘记旧的并憧憬下一个。我们忘记了那些可以将当下与过去联结在一起的方式：到圣餐桌前领圣餐或去冶金工人之家参加集体活动、学习拉丁语或《国际歌》的歌词、在学校里背诵《海滨墓园》、高唱《马赛曲》或《圣神，求你降临》。那些可以将此处与彼处联结在一起的假体义肢已经取代了它们：电脑、手机、光纤、视频通话。这使人们感觉到，如果不是同时处于两个地方（而非两个时间里），就找不到自己的存在感。逝者离我们越远，远方离我们就越近。悼亡之事悄悄远去，我却可以与一万公里之外呼叫我的人相互注视。两千年前故去的耶稣，他的肉体也许通过圣餐被传送到领圣体者的舌尖，但需要有信仰才能有穿越时间的体验。远程呈现技术则与之不同，无论是无神论者还是受洗者，都能经由其设备穿越空间，它为人们提供了更便捷的通道，门槛与前者相比大幅降低。成功由此而来。我们的社会是一个讲究通道的社会。

因此，我们遵循的是空间制度。对政治家来说，移动本身就是一件好事，向什么方向移动并不重要。"前进！"企业的manager（经理）们将传统的个人办公室改造成flexi desk（灵活式办公桌），创造出一个没有固定座位的open space（开放空间），目的是营造一种氛围。工作空间里既没有门也没有内部隔断。经济学家们不再计算国民生产总值（指一个国家国内外所有公民的总体产出），而是看重国内生产总值（仅算国土面积内公民的产出）。我们的拍卖商和艺术批评家，以往都是通过年代久远与否来确定一件作品的价值，并以此来抬升它的价格；当代艺术品的品鉴参照的则是空间：重要的不是作品能否长久流传，而是它能否同时在杜塞尔多夫、伦敦、纽约和上海展出和开价。固然要考虑作品的年代，但它更应该出现在多个地方。由于任何静止对生命而言都好似一种侮辱，我们的政要放弃了传统意义上象征权力的坐姿（如修道院门楣上镌刻的崇高的基督的姿态），而要像一位充满活力的年轻总统，步伐敏捷而果断地走到每周例行新闻发布会的有机玻璃讲台前。速度普遍在加快，比如讲话时的语速（年轻人讲话极快）、电影中的镜头（剪辑零零碎碎）、日程表上的会晤（"要见我的人太多了"）、最新式的手机（"你没有换新的吗？"）。我们加速移动，从一个国家跳到另一个国家，从一个主题上跳到另一个主题。穿着溜冰鞋，踩着滑板和滑板车，从7岁跳到77岁。冲浪，滑雪，漂流，如同得了多动症："动起来，欧洲！"优先考虑密集流量和库存周转。在滚筒上转得筋疲力尽。

　　没有人比美国人更懂如何移动和跳舞，奥巴马也好，弗雷德·阿斯泰尔①和吉恩·凯利②也好，都是如此。记忆越单薄，步伐越敏捷。美利坚这个民族是建立在不断翻新的基础之上的，它不断忘记过去，为自己减轻负担。欧洲则恰恰相反，在建设现代化社会的同时，向现实注入悠久的历史元素：加洛林王朝复兴古罗马的高贵传统，意大利文艺复兴重新拾起了黄金分割率，法国大革命复兴了托加长袍和厚底半高筒靴，登峰造极的德国浪漫主义重新开始颂扬哥特式风格。这最终产生了两种发展模式：一种认为人类具有共同的命运，因为他们共享着历史；另一种也认为人类具有共同的命运，但这是因为他们共享着同一个星球。维科③和黑格尔若在世，在纽约都不可能找到自己的位子，对他们来说，新意味着贫瘠和浅薄。广袤的巴西曾把"人道教"的创始人孔德当作自己的良师，可能就是想用深邃的时间（实证主义历法）所带来的安全感，来弥补空间过大所带来的焦虑。

　　每种文明都具有双重性，这迫使它们同时采用两种计数方式。在美国，对空间的虔信为它带来了辉煌的成绩。

———————

① 弗雷德·阿斯泰尔（1899—1987），美国歌舞片演员，1950年获奥斯卡特别荣誉奖，代表作有《鬼故事》《狗王擒贼王》等。

② 吉恩·凯利（1912—1996），美国歌舞片演员，曾获奥斯卡终身成就奖，代表作有《雨中曲》《锦城春色》等。

③ 维科（1668—1744），意大利哲学家、美学家、历史学家，在世界近代思想文化史上影响巨大，强调人创造历史，也能正确地认识历史的规律性，代表作有《新科学》等。

新边疆政策①（其旧边疆已在1890年左右完成开发）使美国登上了月球，星际征服让它幸运地把边疆从远西地区扩展到地球以外（与西进运动相比利益更大，死亡人数更少）。"拥有"（avoir）是指在疆域中占有一席之地，而"存在"（être）则指在时间上占有一席之地。航天活动为美国在既有成果上再添新的战利品，时间的铜锈则是对既有事物进行深度挖掘，褶上加褶，如同在室内绣花，在家里精雕细琢，研究历史的历史，在画作中作画，在文学中创作文学——都在进行二度开发，采取十分精细的模式，正如希腊化时代的文化，只是在重复古希腊文化，并使之复杂化。世上所有的文明都有两面性，积极因素也会有适得其反的时候。新的文明也有其消极的一面，即便瑕不掩瑜，也应该时刻记住这一点。

首先是"连接性错误"。这很可能是随新世纪而来的幻象（人人都有自己的幻象），说白了，就是混淆了世界性和团结性、单一性和普遍性。单靠卫星通信连接不能保证大家都感到命运与共或有义务保持团结一致。人类会因缺失记忆和缺乏规划而付出代价，种族、宗教或政治层面的差异会越来越难以管理。使"人类成为单一的民族"并不是在互联网上毫不费力地点击一些链接或安装大量联网

① 新边疆政策，时任美国总统的肯尼迪于1960年提出的一系列改革政策，其中包括实施太空探索与登月计划。

摄像头就能做到的,而是需要长时间的教育和学习,那是我们没看到也看不到的东西。人类虽然在空间里被空间分割,在时间里却被时间统一。如果一个物种只将自己的命运交给一个空间,那么这个地方很快就会变成动物园,允许富人到穷人保护区去拍摄穷人。我们知道,作为世界上的第一大产业,旅游业对促进人类心灵和精神的团结并没有起到什么积极作用。

　　此外,这种生活方式将"反应能力"(réactif)视为最重要的品质,无论在何时何地都千方百计地想争得一席之地,以免造成时间上的损失(时间就是金钱)。长远地说,这只会粗暴地破坏人际关系,无论是民事关系还是恋爱关系。它绕过了数千年来好不容易建立起来的礼仪和程序,而这些礼仪和程序是为了控制或延缓野兽向猎物扑去,抑制冲动,将吼叫化为语言。总统选举时,让每个总统候选人像养殖场里的家禽一样在聚光灯下排成一排,然后只给他们每个人一分半钟去陈述自己对法国和对世界的构想,这是一种堕落行为,近乎对欧洲思想安全的侵犯。这种以搞怪讥讽短剧开场的速配相亲活动,竟然可以被政治家们毫无怨言地接受,可见欧洲的去文明化(或者说平庸化)已经到了什么地步。这就是我们那被驯化了的或者说被异化了的政坛如今的状况。时间不够的时候,说话声调会提高,但水平会下降。因此,由于担心读者感到无聊，如今的报纸会将长篇大论压缩成一小方框文字，用一个大标题作为一记重拳，简洁变成夸张，简练变成愚蠢。不太走运：世界越是复杂，我们就越需要将事情简单化。复杂化固然受器重，最终胜出的却是极简化，仅限140个字符的推特外交将成为一种必须。越是需要合理性（即连贯性和连续性），就越会沉湎于推特或快进播放的间歇性。精细的科技和学科或许已然过时，但如果欧洲人也按美国人的方式进行倒计时和精确安排时间表的话，我们不知道他要怎么做才能在不按下停止键的情况下避免进入这荒谬的时代，而这时代里的人们还沾沾自喜地夸耀自己身处21世纪。在这个讲究通道的社会里，通往真理之路将变为无价之宝。

还有一个由积极因素产生的更致命的反作用：当人类处境的历史真实性被否定时，带有经济和媒体色彩的地缘政治学就粉墨登场了，它既不现实也不负责任，注定会遭受失败。盎格鲁-撒克逊的策略家们的最新理论开始宣扬"人口内部的战争"（la guerre au sein des populations）。仅看这句话的用词就足以宣告灾难的到来。"人口"（population）——一个行政和区划管理术语——指的是"居住于某个空间范围内的全部人员"。"民族"（peuple）指的则是继承自同一历史的人的总和，即由时间造就的一个人口群体。一个民族有自己的语言、宗教、饮食习惯和衣着服饰。与这些有别于其他群体的特征相随的，通常还有某种自豪感，这种情感是由那些不属于这片土地却长时间逗留在这里的外来者激起的。如果一个人口群体没能被建构为一个民族、一个部落、一个氏族、一个来自远方的团体等，那么它就更容易被操纵。空降而来的西方人不过是过客，他们给孩子发放糖果，开设诊所，救助遭受侮辱的妇女，向当地合作者支付报酬，但一切都是徒劳，他们的军事力量完全抵挡不住当地人长久的坚韧抵抗。各民族都时间宽裕，既没有明确的日程表，也没有截止时间。外族人迟早都要离开，当地人则永远都待在那里，连同他们的土地和亲属。"美国人"不喜欢土地，他们要的是空间，是对天空和水域的掌控权（当地人则既没有舰队也没有飞机）。地球的"蔚蓝空间"属于美国人。凑巧的是，"蔚蓝空间"中既没有民族居住，也没有时间流淌，而当地人生活的环境则是灰色的。民主国家的军队不喜欢降落到地面上去，这一点我们可以理解，因为地面上情况复杂，而时间又会占上风——那里的历史不属于他们，他们的领导人对那里的历史一无所知，因为他们忘了要咨询民族志学者，后者了解一部分历史，但没有名气，也不受媒体青睐，所以在决策者眼中没有存在感。这些灰色的地方叫伊拉克、阿富汗、利比亚，过去则叫越南、阿尔及利亚、埃及。在西方领导人的眼中，每一个都只是一方没有时间的空间。

那个帮助美国登上月球并将前往火星的东西，也让它输掉了半个世纪以来在陆地上挑起的所有战争。不过，宇宙比那些失去的小山丘有价值得多。而我们这些欧洲人，作为美国忠诚的好盟友，使用的是相同的手段，怀揣的是同样的幻想，虽然没有登上月球，却也随着领队输掉了那些战争。这绝非双赢。

影像优先

借助影像，美国载入了历史，也走进了我们的心中，因为它有光学纤维；欧洲则靠文字书籍走入了历史和我们的大脑，因为它有逻辑思维。新大陆的英雄们身上既没有墨香也没有松节油味，他们存在于胶片上。水牛比尔①不是因为他的表演而出名，而非因为他的自传。我们没见过富兰克林·罗斯福写的政论，肯尼迪总统既没有留下日记也没有留下书信集，更别提他的继任者们。如果戴高乐没有撰写《战争回忆录》、拿破仑没有撰写《圣赫勒拿岛回忆录》，那么神话就没有那么完整，他们形象的改变也没

① 水牛比尔，即威廉·弗雷德里克·科迪（1846—1917），军人，边境拓荒者，美洲野牛和马戏表演者。

有说服力。如果将让·迦本①和米歇尔·摩根②的名字从坚持人民阵线③的法国抹去，那就如同断其一指；如果将约翰·韦恩④和玛丽莲·梦露的名字从执行新边疆政策的美国中划掉，则无异于截其双腿。总而言之，如果是一本相册，用100张照片（其中有三分之一是明星）就可以尽显美国的世纪风采；而要是一本文选，光是讲述20世纪的欧洲就需要100篇文章（其中超过三分之一是诗歌、宣言或小说）。在第一种情况下，人们会在照片下面添加文字说明；而在第二种情况下，文章会带有插图。相册的作者可以在视频库中查看照片，文选的作者则需要到图书馆查阅。无疑，路径变得更清晰了，但如果视觉文化离不开书写文化，那么欧洲的边缘化就是不可能的。电影造就了美国，对美国而言，它不仅是一种影响手段，更是实力的发端。特朗普和之前的里根一样，都是电影中的警官，是掌舵的约翰·韦恩。

最高级的象征，最有影响力的思想，首先是技术上的征服。印刷术和书籍传播时代的出现恰逢欧洲民族国家的

---

① 让·迦本（1904—1976），法国演员，多次获威尼斯电影节和柏林电影节最佳男演员奖。
② 米歇尔·摩根（1920—2016），法国第一位夏纳影后，共主演了70多部电影。
③ 人民阵线，法国反法西斯统一战线组织，由多个左翼政党组成，于1935年成立，1938年《慕尼黑协定》签订后瓦解。
④ 约翰·韦恩（1907—1979），美国演员，以出演西部片和战争片中的硬汉而闻名。

形成；而摄影机和影视传播时代的出现也恰与美帝国主义的崛起同步。美国关注影像且在这方面具有天分，掌握并完善了影像工程学，从此，影像不再经由人手制作。尼埃普斯①是法国人，卢米埃尔兄弟②也是，但众所周知，法国人长于发明却不擅将发明成果产业化。电影放映机、自动点唱机、折叠式轻便相机、胶片、有声电影、彩色电影、宽银幕电影、摄影机稳定器……这些都是陆续在美国的工厂和实验室里设计制造的。美国人亲手创造了这一切，这样一来，他们赶在所有人之前从中获益也就再正当不过了。无疑，最开始是所见从所读中汲取养料，迪士尼的电影就取材于佩罗③和格林的童话故事。最后却是，连环漫画和动画片赢得了人心；人们向这家世界上最大的影像制作公司致敬，既因其出品的数量之众，也为其产品的质量之高。塞尔日·达内④认为，这家电影公司是"美国电影"的代名词。喜欢好莱坞的话，怎能做到不喜欢美国呢？

上帝或许不是美国人，但也不是反美之士，因为美国得天独厚的视觉捕集设备通过多媒体，将空间的史诗（陆

---

① 约瑟夫·尼埃普斯（1765—1833），法国发明家、摄影之父，其作品《牵马的孩子》是世界上第一幅摄影作品。

② 奥古斯特·卢米埃尔（1862—1954）和路易·卢米埃尔（1864—1948），电影和电影放映机的发明人。

③ 夏尔·佩罗（1628—1703），法国诗人、作家，童话的奠基者，代表作有《灰姑娘》《小红帽》《蓝胡子》等。

④ 塞尔日·达内（1944—1992），法国影评人，曾任《电影手册》杂志主编。

地的、海洋的、天空的、宇宙的）传播到全世界，并把每
集故事的主角变成了偶像：照片使林肯广受欢迎，电影让
林德伯格①名扬天下，电视让尼尔·阿姆斯特朗②家喻户
晓。欧洲有充分的理由向读者夸赞其启蒙哲学家，尽管印
刷品的辐射影响范围有限。美国则选择了把光投射到世界
的各个角落。美国的南北战争成为第一次被镜头记录下来
的冲突（甚至早于克里米亚战争③）。这是移民的乐土，
是应许之地，《圣经》中描述的壮丽景色落入了来自狭隘
的旧大陆的贪婪者和逃犯们的眼中。这是一首欢乐的武功
歌④，开场的《一个国家的诞生》（格里菲斯1915年执导
的电影）成了无声电影的纪念碑，结尾处的《天堂之门》
（迈克尔·西米诺1980年执导的西部片）成了抒情杰作。
为了提高自己的威望并坚定对未来的信心，其他国家会给
自己贴上某种主义、体系或宗教的标签，如路德或卢梭、

---

① 查尔斯·奥古斯都·林德伯格（1902—1974），又译林白，美国飞行员，
　1927年创造了人类第一次飞越大西洋的奇迹。
② 尼尔·阿姆斯特朗（1930—2002），美国宇航员，1969年成为第一个踏上月
　球的人。
③ 克里米亚战争（1853—1856）是世界史上战地记者首次参加并可以在同日
　将战况报告给媒体的现代化战争，但也因此引起了公众对战士死伤的不安
　情绪。为了安抚后方情绪，英国政府派摄影师罗杰·芬顿前往战场拍摄。
　这也是历史上第一次用摄影技术记录战争实况，但后来这些照片却被转
　换成木刻版画发表。
④ 武功歌，中世纪的一种叙事长诗，大多以颂扬封建统治阶级的武功勋业为
　主题。

奥古斯特·孔德、马克思或尼采……在这方面，美利坚合众国却选择了经济——意识形态的成分最少。它将自己的传奇托付给感光材料而不是纸张，因为这样可以传递给所有有视网膜的人，即便是文盲也能看懂。同书籍的作者相比，电影演员有一个优势：每次放映，他都能逼真地复活过来，甚至在死后的很长时间里还能留在银幕上。但戏剧演员就不具备这一优点，造型艺术家和音乐家也不例外。

美国是天生的视觉艺术家，由于不受学院派传统的束缚而极富创造力和灵活性，也因此具备了两个独一无二的优势。首先，它无须通过译者就可以把故事讲给全世界的人听（《悲惨世界》需要翻译，查理·卓别林却不需要），并让全世界的人都跟着激动、紧张、大笑或哭泣。这些故事里有些是关于对手的，如印第安部落首领"坐牛"[1]、切·格瓦拉或马尔科姆·艾克斯[2]，经由精美的电影制作重述或改编他们的故事，更不用说还利用海报、饰针和T恤衫等进行宣传。对作品的处理方式各不相同，但杀死敌人后再将其打造成偶像，这并不是每个人都能做到的。其次，即便现场输掉了比赛，它也可以在银幕上重新改写自己的故事。所有民族都有不可告人的秘密，诸如烧

---

[1] 坐牛（1830—1890），美国印第安人苏族亨克帕帕部落首领，曾领导部落击败美国联邦军。在拉科塔语中，他的名字意为"坐着的公牛"，因此得名"坐牛"。

[2] 马尔科姆·艾克斯（1925—1965），美国黑人民权运动领导人物之一。

死异教徒、种族迫害和大屠杀、强奸和私刑、集中营、大围捕、殖民战争等。美国有一种能力，可以通过约翰·福特和约翰·韦恩，把对美洲印第安人的种族灭绝讲成惊险刺激的探险故事；通过《第一滴血》系列①和西尔维斯特·史泰龙，把越南战争塑造成英雄主义的狂欢；通过《美国狙击手》②和克林特·伊斯特伍德，把伊拉克战争变成一场点球大战般的超级狙击竞赛。相比之下，文字的力量就弱得多了：书本的读者最多几千，电影的观众却以数百万计。这就是精英艺术和大众艺术的区别。维克多·雨果的"阴郁的平原"③没能把我们眼中的滑铁卢变成一场胜利，他在《战斗结束之后》中所写的"还是给他喝吧，父亲说道"④也没能成为一种人道主义的举动。美国就这样支配着全球一半土地上人们的知觉，对它而言这是一项决定性的红利。

根据法国公众舆论研究所一项关于"哪个国家对打败

① 《第一滴血》系列，美国越战主题电影系列，总共有5部，西尔维斯特·史泰龙（1946— ）在其中扮演主人公约翰·兰博。
② 《美国狙击手》，由克林特·伊斯特伍德（1930— ）执导的以伊拉克战争为背景的剧情片。影片讲述了美国军事史上最致命的狙击手的故事，他在伊拉克战争中共射杀过255人。
③ 出自维克多·雨果的诗歌《赎罪》，原文是"滑铁卢！滑铁卢！阴郁的平原"，讲述拿破仑在滑铁卢平原上遭遇的失利。
④ 出自维克多·雨果的诗歌《战斗结束之后》。背景是西班牙的五月二日起义，讲述父亲在战斗结束后的一个黄昏发现一个摩尔伤兵，就在他吩咐手下拿水给伤兵喝时，伤兵朝他开了一枪，但父亲最后说了句"还是给他喝吧"。

德国贡献最大"的民意调查，1945年有55%法国人投票给苏联，只有15%的人选择了美国。同样的问题在2004年的调查中却得出了完全相反的结果，这是因为大兵瑞恩①的故事起了重要的作用：以对真实的感知取代真实。据统计，二战期间在欧洲已知的军事死亡人数中，53%来自苏联红军，仅1.4%来自美国军队。美方有40.5万人被杀，几乎全是军人；苏联则战死2700万人，一半是平民，一半是军人。因此，当普京出席了诺曼底登陆70周年纪念活动，奥朗德却没有和世界另一半人口（中国、印度、巴西等）的代表一起到莫斯科参加战胜纳粹70周年阅兵活动时，我们并不感到惊讶。"商机随电影而至。"的确如此，遗忘症亦然。

让我们回顾过往，尽量避免类似情况的出现吧。正是通过强制使用文字，前西班牙时期的美洲才逐渐从16世纪的"被征服"阶段过渡到之后数个世纪的"被吞并"阶段。对于不使用字母、当时依然靠图形进行交流的民族而言，从表意图画到字母文字，从图纸到书页，这种转变意味着圆满完成并认可了西班牙帝国对美洲的吞并。如今"殖民"的方向恰好反过来了，它让我们从书页转向图

①《拯救大兵瑞恩》是史蒂文·斯皮尔伯格执导的战争片。影片讲述在诺曼度登陆后，瑞恩家除了小儿子二等兵瑞恩之外，其他的3个儿子均已战死。美国陆军参谋长得知此事后，组织了一支8人作战小队，在枪林弹雨中寻找生死未卜的大兵瑞恩，后成功将其护送回后方。

纸，并借助数字化的转型锁定了整个进程。这跟白宫和五角大楼没有任何关系，而应归功于出于好意的麻省理工学院。这其实是一个科技问题，过去也一样。"面对这么多被毁的城市，这么多被灭绝的民族，以及数百万被屠杀的人"，蒙田强烈谴责了这种"科技的胜利"。在1492年克里斯托弗·哥伦布发现了新大陆后，对美洲的征服成为最典型、最著名的"文明的冲击"（1992年在西班牙塞维利亚举行500周年大庆时还悄悄地将其改称作"两个世界的相遇"）。被西班牙统治之前的墨西哥孕育了极为发达的文明，包括墨西哥湾地区的奥尔梅克文明、尤卡坦半岛的玛雅文明、中部高原的托尔特克文明，以及作为其继承者的阿兹特克文明。这些了不起的帝国在短短几个月内就被科尔特斯①率领的1200名西班牙士兵、若干个当地合作者、几匹驽马和几门大炮摧毁。随着时间的推移（差不多一个世纪），首批征服者掀起的淘金热变成了文明的传递，欧洲从此吞并了新大陆。这一成功不仅得益于极端的暴力。西班牙文明之所以占了上风，更多是因为在媒介学方面压倒性的优势。前哥伦布时期的美洲人不知道车轮、耕畜和冶金学，听见枪声或看见马匹就直发愣，更致命的是，他们不懂字母文字，只会用表意图画来思考、交流和描绘事物

---

① 埃尔南·科尔特斯（1485—1547），大航海时代西班牙航海家、冒险家、军事家，阿兹特克帝国的征服者。

的发展。欧洲人逐步强制落败的美洲印第安人使用字母，并借此把他们的周期性的时间观念改为线性的时间观念。因此，福音布道才成为可能——印第安人自此也有了之前和之后的概念，知道了世界的起始和终结，基督教的故事也就变得可以理解了。就这样，一种文明成功地过渡到另一种文明，而后者强行保留了前者的部分文明碎片。智能手机让照片变得触手可及，通过社交网络上的一次点击就可以把信息从世界的一端传到另一端。现在它正进行反向转移，从大脑的左半边转移到右半边。

文人不喜欢"机械技术"，更不喜欢电子技术和机器人技术。他们过于习惯使用带isme（主义）的词汇，因此对他们而言，与ique（技术）有关的词都是令人生厌的（媒介学也属于后者，因为它研究"技术"对"主义"的影响）。归因错误正来源于此，他们的行为有时几近天真。贝尔纳诺斯①战后回法国时写道："如果不首先承认现代文明是一场针对任何类型的内在生活的阴谋，人们就无从理解现代文明。"他对形势的判断是正确的，甚至是预言式的。这位对自己的国家感到全然陌生的基督徒是痛苦的，但人们还是想这样回答他："不，亲爱的灰心人，这

---

① 乔治·贝尔纳诺斯（1888—1948），法国作家，其作品带有天主教色彩，二战时曾流亡巴西，代表作有《一个乡村教士的日记》《在撒旦的阳光下》《月光下的大坟场》等。

不是阴谋，而是能够重塑灵魂的感光材料所产生的机械效应。"空心人①是摄影的礼物，摄影并不在乎人的内心有没有东西，它看重的是外在的东西，是外形与相貌。内心生活不能为摄影带来什么，因为它不显山露水。因此，进入视频时代后，最上相、最会拍电影（而不是最热爱电影）的国家带领最具文学天赋的国家进入它的时代，并按它的流派行事，这也就不令人惊奇了。那么，我们最新一代的政界人物是美国队长②的后代，即电视和互联网的后代，这一说法也没什么可奇怪的。因为没有电视和互联网，他们就无法被看到、被听到，也就不会被选上；当选的只会是学者、诗人或者修道士。

影像能使数字变得柔软，否则，"利己主义打算的冰水"③将赶跑所有的人。视觉带来的感动每时每刻都在扩散，让我们免于因冷漠而死。数字化抽象概念急需以血肉之躯为补充。如果袖珍计算器没有摄像头，如果募捐现场没有手抱埃塞俄比亚或叙利亚婴儿的明星，那就相当于没有爱情故事的摩纳哥、不兜售梦想的交易大厅，而梦想与离开都是我们众多权利中的一部分。充当上门推销员的国

---

① 空心人，出自托马斯·艾略特在1925年创作的诗歌《空心人》，形容现代人空虚、无聊、焦虑的精神状态。
② 美国队长，美国漫威系列漫画中虚构的超级英雄，常被视为美国精神的象征。
③ 马克思, 恩格斯. 共产党宣言 [M] //马克思, 恩格斯. 马克思恩格斯文集: 第2卷. 北京: 人民出版社, 2009: 34.

家元首对外国进行国事访问时，必须偕妻子参观幼儿园或难民营，以便出现在晚间的电视新闻上。如果日常生活中没有令人感动的、无私高尚的东西，利益的逻辑将令人难以忍受。总有一天，我们将不得不重新考虑摄影在公共活动中的重要作用，因为如果没有被看见（不论是在自拍中独自或成双成对出现），就不会赢得别人的喜欢。在公众的心目中，形象和道德是相辅相成的。没有了电视，人道主义者会是什么样子？没有了史蒂夫·乔布斯这个"文明的建造者"——说不定明天巴黎就会有以他的名字命名的街道——苹果品牌又会是什么样的？无法在屏幕上展示自己的形象是对福利国家的惩罚。慈善家通过自己的善举感动世人，而税务稽查员反倒成了大恶人。现如今的人们在早上亲眼看见比尔·盖茨这个"世界首富"兼"受难者的恩人"走进电台演播室时的感受，应该就像当年黑格尔看着拿破仑在德国耶拿经过他家窗前时一样——世界的灵魂已不再骑在马背上[①]，而是穿着夹克衫。尼采笔下的冰冷怪物——国家因有了实体而变得温暖。现在是个人提供资助而不是依靠法律获得资金的时代。鉴于公权机关财力匮乏，这对老城中由我们的手提包大亨和水泥大亨修缮的破败的喷泉、修道院、教堂和宫殿来说，倒是个意外收获。

---

① 黑格尔曾将用铁蹄踏遍欧洲大陆的拿破仑称为"骑在马背上的世界灵魂"。

当年的"梦之队"①不就是一个兼具经济性和道德性的典型存在吗？金融监管者也是如此，但它实质上只不过是天真的穿短裤的童子军；死硬的经理人以后也会摇身变为环保事业的良心；罗斯柴尔德银行②现已推出道德投资基金③。媒体测量机构④+道德含片，商业计划书+特蕾莎修女，这种冷暖搭配能获得最好的效果。

　　法国社会也进入了"影像模式"，因此自我营销开始泛滥。"影像冲击"带来的是"书籍危机"。过去的哲学家有自己的学生和门徒，他们在中学和大学里教书；现在的哲学家则有自己的粉丝、专属发型师和一整套表演服装，他们从阶梯教室转战到电视上，从授课改为表演脱口秀。以前的政客通过亲自撰书来让人了解自己的计划，他们用笔和黑墨水在书上签名，就像在舞台上发放入场券；现在跳过了"印刷品"阶段，直接进入了电视节目模式：标语变成了利于宣传的顺口溜，政府成了选角员，朗诵被片头曲取代。摄像机战胜了电台播音室。为什么？因为

①　"梦之队"，此处指的是美国国家男子篮球队，狭义的"梦之队"指的是1992年在巴塞罗那奥运会上夺冠的美国男子篮球队。

②　罗斯柴尔德银行，由国际银行世家罗斯柴尔德家族创办的银行，其历史可追溯至18世纪。

③　道德投资基金，指将投资方向与社会道德相结合并确保受资方符合一定的环保、政治标准的投资基金。

④　媒体测量机构，一家成立于1985年的法国公司，专门从事法国媒体受众分析，以及对视听和数字媒体使用情况的研究。

配有画面的声音才有人听。在托克维尔的《旧制度与大革命》第3卷中，有关启蒙时代的章节题为"作家如何成了最重要的政治力量"，现在应改为"娱乐界如何成了最重要的政治力量"。1932年，文学批评家和公共事务专栏作家阿尔贝·蒂博代写道："政治，其实是一些观念。"他还补充说："在法国，一个政治人物必须代表一种观念。"这种观点足以让今天的政客们失业。视频时代的在野党政客将80%的时间花费于塑造形象，执政党政客则将80%的时间花费于重整形象。这项工作每天都得做，需要至少10名工作人员（家中和办公室）。观念就像不速之客一样不合时宜。至于写作，现如今只能在一些"图书副刊"里苟延残喘。1960年风行的周报是《艺术》《法国文学》《费加罗文学报》，现在则变成了《电视全览》。以前，我们会问演员和电影艺术家最喜欢哪本书；现在，我们只问作家最爱的连续剧是什么。没有人期待玛丽昂·歌迪亚①展示她收藏的《七星丛书》，但很多人都想知道让·端木松②收藏了哪些DVD碟片。街上，自拍照替代了自画像，领导人也不再是所谓的传说（"传说"一词源自拉丁语legenda，意为"必须阅读"），而是变成了偶像（如果可能的话，

① 玛丽昂·歌迪亚（1975—　）法国女演员，2008年凭借《玫瑰人生》获得金球奖、英国电影学院奖、恺撒奖和奥斯卡金像奖最佳女主角。
② 让·端木松（1925—2017），法国作家、记者、哲学家，法兰西学术院院士，曾任《费加罗报》主编，代表作有《永世流浪的犹太人史》等。

他还会成为一股"流行潮流")。长篇连载小说以电视连
续剧的方式重现,某国民教育总督①建议法语教师只点评
名人发表在杂志上的文章,所谓的"名人"就是那些为了
出名而出名、出现在电视上的人。以前,小说家和诗人常
给视觉艺术以灵感,现在则是将影视"小说化"(该词出
自美式英语novelization),试图把电影、侦探片和电视剧
改编成图书,利用衍生产品再度获利,但100名观众中只有
一两个会去买书来读。我们的视觉调色板丰富了,解读影
像句法时的敏锐度和速度也提升了(以前影片中5分钟的一
组镜头,现在可缩短到30秒,甚至转瞬即逝)。一个绝妙
的观点,是由有限的词汇、令人费解的言外之意和双重含
义共同构成的。而口语表达的至上地位,因数字化的语音
助手很快就得到了加强。这种表达习惯让无配图的文字变
得隐晦不明、令人嫌恶,庄严得像圣歌诗集和加洛林王朝
的契约。现在我们来看看其他的情况:人文科学书籍的平
均印刷量下降了一半,只有几本"领头的"书畅销;书博
会上,除了当年(而不是前一年)的龚古尔奖获奖书籍之
外,只有漫画、明星回忆录或黄金档节目主持人的爆料书
籍的摊位前排起长队。一本300页著作的注解再怎么详细,
也敌不过网络论坛里忠实主顾的热门评论。讣告的长度或

---

① 法国设有督学制度,即视察、监督与评估初等和中等教育的制度。

广度能说明一切：没有视觉效果就意味着没有敬意。文字从此不再是痕迹，字母也是同样的命运，然而"只有痕迹令人遐想"①。朱利安·格拉克②和米歇尔·图尼埃③的讣告在晚间新闻中仅出现了30秒，"王子"④和大卫·鲍伊⑤的讣告却长达20分钟。社会的主要阶级不再划分为资本家和工薪阶层，而是有头脸的人和没头脸的人、引人注目的人和籍籍无名的人。脸书的成功之处就在于：让每个人都有露脸的机会。那喀索斯⑥式的自恋现已成为一项大众广泛参与的活动。马克思分析过生产关系，什么时候人们会分析一下影像表征下的社会关系呢？

　　这是无病呻吟的布波族（bobo）⑦的无稽之谈？就算是吧！不过，所见对所读的支配，不仅仅体现在研讨会变成了幻灯片之夜，还表现在PowerPoint的无处不在。很多新兴

---

① 出自法国著名主持人帕特里克·普瓦夫尔·达沃尔（昵称PPDA）的传记《只有痕迹令人遐想》。

② 朱利安·格拉克（1910—2007），法国作家，被认为是"超现实主义第二浪潮"的代表人物，代表作有《流沙海岸》《林中阳台》等。

③ 米歇尔·图尼埃（1924—2016），法国作家，新寓言派的代表人物，代表作为《桤木王》。

④ "王子"，即普林斯·罗杰斯·内尔森（1958—2016），美国传奇摇滚歌手，其代表作《紫雨》是摇滚乐史上的经典之作。

⑤ 大卫·鲍伊（1947—2016），英国传奇摇滚歌手，华丽摇滚的代表人物，代表作有《太空怪人》《英雄》等。

⑥ 那喀索斯，希腊神话中最俊美的少年，爱上了自己在水中的倒影后憔悴而死，后变为水仙花。

⑦ 布波族，即布尔乔亚式的波希米亚人，指既安于主流社会的生活方式又追求自由个性的新一代精英阶层。

的职业只会为这种载体的变化感到庆幸：首先是整形外科
医生，还有平面设计师、室内装潢师、字幕员、模型师、
灯光师、服装设计师、陈列设计师、修图师、美发师、包
装师……而那些失去了地位和重要性的职业，如抄写员、
排版工、印刷监工、装订工和书商，只能把就业机会拱手
让人。此外，书籍文化直到不久前还让人备受折磨！近几
个世纪的超级书迷有不少因此遭殃。像于连·索雷尔①
样的好小伙，如果《圣赫勒拿岛回忆录》没有落到他的手
上，他就不会上断头台；如果长篇连载小说没有使包法利
夫人心醉神迷，她也不会服毒自尽。影像文化使我们更
关注迷人的脸蛋——许多伊朗女孩为了像电影《乱世佳
人》中的费雯丽一样，都去隆了鼻——同时也抬高了死
者和施刑者的价值：在深受好莱坞垃圾电影毒害的年轻人
眼中，伊拉克和叙利亚的被斩首者就是这样的存在。每种
偏好都有其受害者。让我们回到重点。这种新的交流方
式让所有会敲键盘的人都进入了影像游戏，而且，越是
入迷，获得的情感反馈就越多。但我们也会发现——这
并不是在抬杠——一切皆影像化所收获的幸福也有其代
价：我们感受到的现实不但没有增加，反而减少了。我们
只需清点一下，看无法转化为影像（被录制）的东西有多

---

① 于连·索雷尔，司汤达的小说《红与黑》中的男主人公。

少，就可以发现人脑中的哪些区域由于视觉神经过于发达而出现了萎缩。

影像是实证性的：缺席、方案、可能性、计划，以及所有超过、预知或质疑实际结果的东西，都是无法拍摄的，更难拍得清楚。Wysiwyg: What you see is what you get.（所见即所得。）所以，未来的我们必将拥抱肯定性[①]，忘却否定性。让我们告别辩证法和矛盾论，屈从于现存之物，在既成事实面前毕恭毕敬吧！

世上没有普遍和无个性的影像，也没有观念性或抽象性的影像，特写镜头更是如此。我们不会把法国、首都、正义或资产阶级作为拍摄对象，只有个体与特殊性才是真正的实在。让我们告别共性和集体性，告别普遍意志，拥抱以自我为中心和独占好处吧！

我们不拍摄从属关系或连贯关系，不拍摄假设或推理、证据或归纳。让我们告别对前后一致和逻辑严谨性的担心吧，因为客观事实不如表现形式的可靠性重要！让我们拥抱装腔作势和虚张声势吧，毕竟视频冲击和fake news（假新闻）是同义词！

我们不会拍摄"很长一段时间里我都早早上床"[②]、

---

① 此处为文字游戏。在法语中，positif一词既有"实证"之义，也有"肯定"之义。

② 普鲁斯特的著作《追忆似水年华》开头的第一句话。

"快起来，期待的暴风雨就要来了"[①]、"我常常……"。把持续态（duratif）、祈愿式（optatif）、频度词（fréquentatif）都扔进垃圾堆吧！让我们告别延续的意义和对未来的向往，拥抱对现时的敏感吧，毕竟现在的人只顾及现在！

我们的视野在扩大，我们的符号体系却变窄了。这个世界上无疑存在多种智识。不过，安德烈·马尔罗曾定义的那种具有强烈欧洲风格的智识应该过时了："智识，等于对喜剧的破坏，再加上判断力和假设精神。"取这句话的反义，倒可以在操作层面上定义如今操控一切的那种智识：它等于对欺诈的建构，再加上客观独立性的缺乏和假设之不可能。

客观精神就这样逝去了。

幸福优先

我们从什么时候开始觉得在镜头前微笑是很自然的？"一二三，茄子"……是在第二次世界大战结束后，在《时代》杂志和《生活》杂志的鼓动下。那时的明星为摄

---

① 夏多布里昂的著作《勒内》中的名句。夏多布里昂（1768—1848），法国作家、政治家、外交家，拥有子爵爵位，法兰西学术院院士，法国浪漫主义文学先驱之一，著有《阿达拉》《勒内》《墓畔回忆录》等。

影这个行业定下了基调。仔细看看摄影刚诞生时的家庭相册、杂志和写真吧。严肃的人一脸严肃，快乐的人眼里有光，疲倦的人面色疲乏，老人老态龙钟，难看的人就是难看。那时的人拍照时不会被要求提颧肌，本人什么样，照片就是什么样的，保持微笑尚未成为王道。后来，我们在屏幕上只能微笑，只允许出现无伤大雅的细纹；最好不要蹙眉，黑眼圈就是缺陷。摄影师有时会要求我们跳跃——动感，永远保持动感。要喜气洋洋，乐观向上，朝气蓬勃。千万不能显老、悲伤。生日快乐，时刻快乐，新年快乐，结局欢乐……这就是主旋律。法国大革命时期圣茹斯特①宣扬的"欧洲新观念"已被杰弗逊总统刻在美国1776年的《独立宣言》中，跻身于他们订立的不可剥夺、与生俱来的权利之中，即生命、自由和追求幸福。不过，两者不完全相同。一个体现了洛克②和伊壁鸠鲁③的思想，另一个则带有亚里士多德和卢梭的印记。前者承诺每个个体都应享有安逸的生活，后者则承诺为平民（"不幸者是世间的力量"④）提

① 路易·德·圣茹斯特（1767—1794），法国大革命时期雅各宾专政的领导人之一，美貌与冷酷并存，被称为"恐怖的大天使"和"革命的大天使"。
② 约翰·洛克（1632—1704），英国哲学家、启蒙思想家，他是一位经验主义者（与理性主义者相对）。
③ 伊壁鸠鲁（前341—前270），古希腊哲学家，被认为是西方第一个无神论哲学家，伊壁鸠鲁学派的创始人，是最早提出快乐论、社会契约说的人。
④ 语出圣茹斯特："不幸者是世间的力量。他们有权问责视他们如草芥的政府，因为他们才是世界的主人。"

供生活资料，让他们过上有尊严的生活。吊诡的是，《独立宣言》所许诺的个人幸福是建立在对一个被钉死在十字架上的人的崇拜上的。这是一种"神权民主"（让-弗朗索瓦·科洛西莫①语），源自"五月花"号清教徒和威廉·佩恩②麾下的贵格会信徒，后来发展成禁酒令、《海斯法典》③、对性的极度压抑，结果却催生了《花花公子》、脱衣舞以及以摩西的名义拜金牛犊④——我们可不会将这些娱乐消遣与日内瓦僵硬刻板的加尔文派⑤教徒联系起来。自由企业是获得至福的关键，它将个体转化为其自身灵魂得救的自雇经营者，但美式宗教改革所采取的形式甚至改变了其背后的内涵。

我们先说难能可贵的愉快心情吧！在"一切皆有可能，一切都更伟大"的国度，乐观主义是基石。原因诸多，首先是美国地方够大，可以避免容易在密闭空间内

---

① 让-弗朗索瓦·科洛西莫（1960—　　），法国出版商、历史学家、评论家，曾任法国国家图书中心主任。
② 威廉·佩恩（1644—1718），出生于英国的宗教改革家。他是贵格会领袖，同时也是宾夕法尼亚殖民地的开拓者、费城的建城者。
③ 《海斯法典》，美国1930年至1966年间用以限制影片表现内容的审查性法规。
④ 据《圣经》，摩西上西奈山领受十诫时40天未归，以色列人要求摩西的兄长亚伦制造一尊偶像以指引他们前行，亚伦遂造一尊金牛犊，作为上帝的象征供以色列人崇拜。这引起上帝与摩西的愤怒，金牛犊于是成为偶像崇拜和腐化堕落的象征。但在现代美国社会，金牛犊逐渐成为股市繁荣的象征。
⑤ 加尔文派，基督教新教的主要宗派之一，诞生于16世纪宗教改革时期，宣称人因信仰得救，《圣经》是信仰的唯一泉源，主张上帝预定说，认为人的得救与否皆由上帝预定，与个人是否努力无关。

（可能连通风窗都没有）蔓延的悲剧事件。这是一个并未背负原罪的地方，一个罪恶皆可洗清的地方，一个堕落和专制不曾落脚的地方。在这里，过往没有什么分量，很快就成过眼云烟，人民生活幸福，没有多少历史可言（保尔·瓦莱里由此得出"消除历史可提升人民的幸福感"，证毕）。由于面对的是各种比别处更要命的自然灾害，包括地震、海啸、山火、龙卷风、洪水等（在欧洲，灾难更多是政治意义上的），重振士气十分必要。岛民安宁的精神状态也是必不可少的——反正别人的烦恼打扰不到我，我可以假装看不到。如今的经济是服务型和消费型经济，比起生产机床和开采煤矿，卖家的笑容更为重要。传播者必须讨人喜欢，友好且迷人，而这并不是传递者和教育者首要考虑的因素。托克维尔早在虚无时代到来之前就已经指出："民主不仅让每一个人都忘记了自己的祖先，还不让他接近自己的后代和同时代的人，不断将其引向孤独，并威胁说要把他完全关在自己内心的孤独之中。"这条战壕最近被命名为个人主义，是美国的新教徒一直主张的东西。"我的思想就是我的教堂。"托马斯·潘恩[1]说。托马斯·杰弗逊也曾讲过："我自有属于我一人的教派。""自我"是这种宗教所特有的，因为它免去了宗教

---

[1] 托马斯·潘恩（1737—1809），英裔美国政论家，资产阶级民主主义者，被誉为"美国体制之父"，代表作有《常识》等。

机构这一中间环节，使人们能直接与上帝对话，无须求助于神甫就感受到自己的信仰。这有助于激发个人责任感以及促进心理探索——这是它最令人高兴的效果之一。"上帝比我自己的内心更让我感觉亲密"（圣奥古斯丁语），我跟上帝说话就是在跟自己交谈。因此，杂货店中出现了me-literature（自我实现类）和self-help（励志类）书籍的货架，它们被夸张地称为"智慧"；人们开始偏爱欣快疗法、心灵疗法、东方疗法，有时还有自我疗法。除了香薰和冥想，这种实用主义信仰背后还有另一种成分：美元。

欧洲的信徒们并不崇拜成为商业领袖的上帝之子——"他从台阶下选了12个人，把他们组织起来，征服了世界。"（摘自布鲁斯·巴顿①的《一个无人知晓的人》）这种美式信仰确保各项生意能得到良好开展，也使巨额分红变成上帝选民的记号。同样信仰基督教的欧洲不会把天国荣耀下的神学和苦难十字架上的神学分开，也不认为天堂可以轻而易举地降临。它甚至认为向善其实是一件痛苦的事。扫罗从马上摔下来之后才变成了保罗②；对欧洲人而

---

① 布鲁斯·巴顿（1886—1967），世界排名第一的广告公司BBDO的创始人，他在《一个无人知晓的人》中把耶稣描绘成了一个推销员。

② 据《圣经》，使徒保罗在皈依基督教之前名叫扫罗，热衷于迫害基督徒。有一次，他前往大马士革捉拿基督徒，途中从马上摔下后遇上耶稣显灵，方成了基督徒。

言，殉道依然是通往圣域的最可靠途径。苦路①很少出现在大西洋彼岸的教堂里，那里的人像五旬节教派信徒，载歌载舞，庆祝圣灵降临在耶路撒冷的耶稣门徒身上，用福音来减弱先圣背负的苦难。基督似乎未受难就已复活。这是一个没有圣周五②的复活节早晨，一个未经暮色的黎明。美国人把这叫作"保持积极乐观"。

　　听美国传教士传教时，托克维尔曾自问："宗教的主要目的是在另一个世界获得永恒的极乐还是在这个世界获得幸福？"我们可以推测，美国传教士应该会这样回答：这个世界的幸福能代替另一个世界的极乐。我们无法想象"新教教皇"葛培理③会像罗马教皇方济各那样，控诉"在全球范围内建立起经济独裁统治的货币帝国主义"的罪恶。在受上帝护佑的财阀政治框架下，美国无产者竟会将选票投给亿万富豪，因为他们认为后者已无须通过权力致富，因为上帝的指头已经指着他。这种神权民主体制自成一类，将财阀政治和神权政治融为一体，选举活动费用不再受任何限制（2016年达到了60亿美元）。对利益的渴望被纳入某种神学里，因为葛培理认为："《圣经》中

---

① 苦路，天主教中模仿耶稣被钉上十字架过程的宗教活动，又称"拜苦路"。
② 复活节圣周活动中，圣周五是主受难日，是纪念耶稣为赎人罪、被钉死在十字架上的日子。
③ 葛培理（1918—2018），美国基督教福音布道家，二战后福音派教会的代表人物之一。

的火不是烧尽罪人的永恒之火，而是对上帝难以遏制的渴望。"世上最让人忧伤和郁闷的，莫过于一个救世的宗教既没有地狱也没有罪恶，一个信使既无圣母怜子①般的怜悯之心也无头戴荆棘王冠②般的牺牲精神。当宗教热忱与经济繁荣相伴而行，当个人的成就有助于信仰上的圆满，天堂的守门人就再也不必穿上黑衣，再也不必为自己或他人而忏悔。鞭笞派教徒懂得自我克制。陀思妥耶夫斯基百无一用，克尔恺郭尔③也一文不值。一切皆可从头开始。为确保能获得第二次机会，美国人遵循的模范与预设不是浸礼宗④教义，而是再浸礼论⑤。人们可以在任何年龄接受洗礼，所有人都有权利获得第二次生命。重生以后的基督徒可以重新开个好头，抹去以往的失败，恢复清白。人们结成像"匿名戒酒会"（这是一个源于美国的治疗协会）一样的团体，仿佛一个个出色的群居运动员，在集体告解室里相互报告自己前一天晚上的禁戒成绩。

这群信奉新福音派教义的马戏团老板，有时歇斯底里

---

① 圣母怜子，基督教艺术作品中常见的主题，圣母玛利亚怀抱耶稣受难后的遗体，面露悲色，其中最著名的是米开朗琪罗创作于1499年的《圣母怜子像》。

② 荆棘王冠，耶稣受难前行刑者为他戴上的满是尖刺的王冠。

③ 克尔恺郭尔（1813—1855），丹麦哲学家，存在主义的前驱，代表作有《非此即彼》《恐惧与战栗》等。

④ 浸礼宗，基督教新教主要宗派之一，是美国信徒数最多的宗派。

⑤ 再浸礼论，16世纪欧洲宗教改革运动中出现的基督教理论派别，不承认教会为婴儿所施的浸礼，主张成年后需重新受洗。

地抱成一团，背弃了修道院和地下墓穴①。这很壮观，很有视觉效果，很有音乐性。这是营销手段。这很有趣，很疯狂，很卫生，很功利。这是有利可图的。仅此而已。这样是行得通的，简直是为此量身打造的。幸福让人们摆脱了做自己的使命。推崇不幸绝非美国制造，盛行于美国的摩尼教式的二元对立论既与耶稣会的繁文缛节大不相同，又与狂热的帕斯卡②式僵局大相径庭。欧洲在厄运中备受煎熬，一年年地低下头颅，"罹患不治之症，只能修修补补"；美国却能对绝症免疫。欧洲的历史注定与悲剧结合；美国历史却持有安全通行证，在那里，上帝拥有"最终剪辑权"。2001年9月11日双子塔的倒塌给了某些人世界末日的预感，却只是徒然，给人以希望的神学并没有受到动摇，它的魅力并未消失。当年在黑格尔眼里，美国是"未来之地"，是"厌倦了作为历史军火库的古老欧洲的人们的梦想国度"；现如今，它依然如是。许多人把怀旧视为推动力，把最终的败局视为道义层面失败的证明，但

---

① 古罗马时期，基督徒不允许葬在罗马城内，死后只能埋在地下墓穴里。因此早期的基督教用地下墓穴纪念忠实的基督徒。

② 布莱瑟·帕斯卡（1623—1662），法国数学家、物理学家、哲学家、散文家，思想上受与耶稣会相对立的詹森派影响，著有《思想录》等。他曾在《思想录》中论及苦难与消遣之间的悖论："消遣是能够减轻我们的苦难的唯一事物，但与此同时，它也是我们身上最大的苦难。因为消遣大体上会阻止我们思考自身，使我们在不知不觉中走向失败。可要是没有消遣，我们又会身陷烦恼之中，这又会驱使我们找寻一种更可靠的方法来走出烦恼。消遣让我们身心愉悦，却在不知不觉中将我们引向死亡。"

此般革命浪漫主义在"奇迹小子"及"成功故事"盛行的国度里都没有立足之地，这一点毋庸置疑。新文明蔑视胆小鬼、穷人和失败者，失败的事业哪里还有辉煌与伟大。

罗马人感兴趣的是如何去做，希腊人感兴趣的是如何存在。做事追求的是立刻有答案，关心自己的存在则需要不断提出问题。罗马人相信神灵，希腊人怀疑众神。怀疑众神虽说并非毫无道理，却使希腊人忽视了工具的作用（阿基米德除外），也导致他们没有动力去把尘世变得更加宜居——治理河流，修建水坝，发明药品，找到各种解决办法。Tomorrow is another day①，"明天又是新的一天"，此类施为性信念（croyance performative）是自由女神像传递给前往埃利斯岛②的移民的第一条讯息：在这里，你的生存状态取决于你怎么做。只看见事情好的一面，这足以让人忘记不太好的一面，降低不快乐的比率，有助于减轻我们的痛苦。例如，"复原力"（résilience）是盎格鲁-撒克逊人的一个概念，看到它在拉丁世界里被我们的心理治疗师频繁使用，用来治疗创伤——无论是心理上的还是身体上的——我们只会感到高兴。普罗米修斯只想展

---

① 出自美国作家玛格丽特·米切尔的小说《飘》的结尾。小说的女主人公斯嘉丽最后失去了爱情，但依然对未来怀抱信心："不管怎么样，明天又是新的一天。"
② 埃利斯岛，美国纽约市附近的小岛，1892年至1943年曾是美国的移民检查站。

示乐观精神，以便找到延长生命、缓解苦痛、治愈不治之症、挽救被奸妇女和被弃儿童的办法。总之，目的只有一个，不要在无法逃避和命中注定的事情面前束手无策。从这个角度来看，崇美主义类似于对普罗米修斯的崇拜，并且这一崇拜由于对上帝的信仰而得到了宗教层面的加持。正因如此，以下现象就变得易于理解了：分支众多的福音教派于不知不觉中在美洲、安的列斯群岛和亚洲如星云般扩散。它取得了非凡的成功，既加强了富人的修行，也培养了穷人的千禧年主义①。经美国文明复核和修正的新教席卷全球，并翻修了传统宗教的古老采邑。

*

（在通常的观念中）哪个年龄段拥有最多的幸福和纯真？是童年。美式生活使这个年龄段神圣化，并为童年创造出最漂亮的玩具、游戏、游乐园、圣诞木柴蛋糕、米老鼠和兔八哥。这不就是向孩子们允诺的上帝的王国吗？成年人什么时候最幸福？当他变回孩童之时。如何让他感觉真的回到了童年？给他一堆冰激凌、奶制品和糖果。在他的饮料和食物中添加大量碳水化合物，尽管这可能会让他

---

① 千禧年主义，某些基督教派的信仰，相信将来会有一个黄金时代——全球和平降临，地球将变为天堂。

变胖，但这就是无痛幸福的代价，甜蜜的代价。苏打水、汉堡包和甜甜圈。生活中依然有一些枯燥乏味的活动，比如上学。应该尽一切努力来避免无聊：把教师变为主持人，把教科书变成电视节目（屏幕上可以同时排下两页内容），把课程变成文娱活动。听讲座？有些无聊，先来几段笑话吧！读本大部头的书？先看几页《读者文摘》①吧。埋葬亲人？将他的遗体托付给殡仪馆的化妆师，然后在悼念厅里重新获得一个经过精心打扮的漂亮死者。了解世上的悲惨状况？看到的都是"娱乐新闻"、游戏节目般的新闻报道，或者"让人捧腹的电视节目"。残疾人被改称为"行动不便人士"，战争被叫作"外部行动"。人不再会死去，我们只会说这人离开了或这人走了。为了祛除"思考的困惑和生存的痛苦"，范式对我们而言比才能更具实用性。对所有人来说，媚俗（kitsch）都是一种找到幸福的窍门，其优越性无与伦比。我们试图利用一些无关紧要的东西来实现它：在酒店前台摆上一罐糖果，在电影院入口放置爆米花桶，在广告中增加儿语，以及几乎无处不在的委婉措辞。此外，还要加上员工的微笑、公共场所里持续不断的背景音乐、藏在远郊的墓地、被视为欠款而非赠礼的生命。总之，一切都像早产儿一样转瞬即逝，无论怎么

① 《读者文摘》，创立于1922年的美国月刊杂志，其中的文章风格简明易懂，内容涵盖的领域较广，是一本受大众喜爱的家庭杂志。

努力，都挣脱不了脆弱、不结实的特点，甚至摆脱不了必死的命运。

　　"欧洲智人"（Sapiens europeus）将"everything ok"（"一切都好"）的课程学习得极为透彻——事情得一帆风顺——以至于每当他忘记笑迎新事物，或忘记到处强调现行世界对他而言完美无缺时，他就会责怪自己的心情太过抑郁。如果人们向他提出异议，他很快就会自我反思，做一番自我批评：太爱抱怨、太爱发牢骚、情绪外露、嗜古、懒惰、爱赌气、过时、愤世嫉俗、太理想主义了——这些都是优胜物种套在落败物种身上的品质形容词。瓦莱里觉察到了这种跨大西洋的渗透："如果我们不懂得摆脱自己的历史包袱，那么就会有其他没有或几乎没有自己历史的幸福民族来帮助我们卸下它。那些民族将把自己的幸福强加给我们。"受他者文明殖民之人加倍努力，妄图以最小的代价去追求至福，但这帮想弥补失去的时间的人又因此陷入永恒的厄运之中：抓住了主流中最糟糕的部分，却把最精华的部分留给宗主国。我们对各民间教派的神秘背景、福音音乐①的神圣曲调以及马丁·路德·金的伟大梦想均一无所知。"天佑论"（Providence）和"天命论"

---

① 福音音乐，一种起源于20世纪初的美国的宗教音乐，由基督教圣歌和黑人灵歌发展而来。

（Destinée manifeste）①等词汇在欧洲毫无意义；对"欧洲智人"而言，"乐观主义者"指的是在白天轻松随性，在夜晚露出优雅和感性的一面，但无论何时都须附庸风雅的人。在巴黎，萨迪格与伏尔泰专卖店的橱窗中陈列着一只"nouveau *hit bag* optimiste *snake* naturel ou vert *vintage*"（"乐观主义"系列天然蛇皮或复古绿新款手提包）②。消费乐观主义，指的是没有礼拜堂的商店，或是购物版的千禧年主义。

严格来说，与总公司保持一致，意味着要在情感与心态种类的数目上做减法，可"欧洲智人"偏偏反其道而行之，在这上面做了许多加法，由此产生出一系列悦耳甚至令人欣悦的和弦：忧郁、冥思、幻想、烦恼、忧愁（这是失意者的幸福）、悲伤、失恋以及逃学。这些和弦将不信神之人（甚至还有信神之人——见鬼去吧宗派分子）的苦难谱写成曲；偶尔怀念一下喜欢梦幻、空想和落日的悠闲文明，这会使我们陷入越来越遥远的记忆。"安德洛玛克，我想你。"③"阿里阿德涅，我的姐妹，你的爱情

---

① 天命论，一种盛行于美国的神学观念，起源于19世纪中叶西进运动时期，认为美国人是上帝的选民，对外扩张、传播"文明"是上帝赋予美国的使命，公然为美国的扩张主义、霸权主义政策背书。

② 这是一段英法混合语，其中的斜体部分为英语词汇。

③ 语出波德莱尔的诗歌《天鹅》。安德洛玛克为古希腊神话中的人物，赫克托耳之妻，温柔善良，勇敢聪敏，忠于丈夫。

受到了多么大的伤害。"①"纪尧姆发出了多么恐怖的叫声。"②……为了避免罹患幸福病，或许应以预防的名义，发行一本选段汇编，一本名为《可怖的幸福》的便携文选。文选中的法国部分，除了波德莱尔，当然还要有福楼拜（"幸福是件可怕的事！追求它的人反受其乱"）、儒勒·勒纳尔③（"幸福和乐观的人是傻瓜"以及"幸福的人缺乏才干"）、莱昂·布洛瓦（"现代世界是淹没在粪池里的亚特兰蒂斯"）、马塞尔·普鲁斯特（"幸福只对身体健康有益；若要增强精神力量，则需要依靠忧愁"）、齐奥朗④（"万事成功者必是肤浅之人"），除此以外还应当有很多法国本地人会低声抱怨丝毫没有得到应有的敬重。为了缓解来巴黎的美国游客数量骤减的状况，卢浮宫博物馆将来也许会把格列柯⑤、卡拉瓦乔、伦勃朗的画作撤下来，在同样的位置换上杰夫·库恩斯⑥的《气球狗》、菲

---

① 语出拉辛的悲剧作品《费德尔》。阿里阿德涅为古希腊神话中克里特岛国王米诺斯的女儿，她爱上了雅典王子忒修斯，后者却将她抛弃，与她的姐妹费德尔结为夫妻。
② 语出纪尧姆·阿波利奈尔《醇醉集》中的《在拉桑特监狱》一诗。
③ 儒勒·勒纳尔（1864—1910），法国自然主义作家，龚古尔学院成员，作品带有一定的悲观情绪，代表作为《胡萝卜须》。
④ 齐奥朗（1911—1995），也译作"萧沆"，罗马尼亚旅法哲学家，20世纪著名怀疑论、虚无主义者，被称为"法国的尼采"。
⑤ 格列柯（约1541—1614），希腊裔西班牙画家。
⑥ 杰夫·库恩斯（1955—　），美国波普艺术家，其代表作《气球狗》是一件橙色巨型装置作品，曾创下在世艺术家单品拍卖世界纪录。

利克斯·冈萨雷斯–托雷斯[1]用各色糖果堆砌而成的《糖果金字塔》（必须不停地补充糖果）以及白南准[2]的《电视大提琴》（影像艺术作品）。与此同时，通过大量的现场直播、短片和推文，可能还会建立一个新的政治组织——幸福党。

通过以上三条分析主线，我们可以就"什么是成功的一生"这个永恒的话题作出具体且不刺耳的回答。为了立于不败之地，为了获得高于中上水平的收入（美元、欧元或日元），需要且仅需要：（1）被看见（在形象、品牌、识别符号上下功夫）；（2）始终保持运动状态（移动、突击、前进）；（3）维持身心健康（健康、年轻、有活力）。简而言之：品牌+跑步+健身。

"各尽所能，按需分配！"[3]

---

[1] 菲利克斯·冈萨雷斯–托雷斯（1957—1996），美国古巴裔概念艺术家，其代表作《糖果金字塔》又名《无题》或《洛杉矶的罗斯像》，是他为自己的恋人罗斯创作的一件装置艺术作品，由一堆放置在一个角落里的重达175磅的各色糖果构成，任何参观的人都可以拿走一颗品尝。

[2] 白南准（1932—2006），美国韩裔影像艺术家，被称为"影像艺术之父"，其代表作为《电视大提琴》。

[3] 马克思.哥达纲领批判 [M] //马克思, 恩格斯. 马克思恩格斯文集: 第3卷. 北京: 人民出版社, 2009: 436.

第五章

为什么总是闭着眼？

永远不要对不言而喻的事情避而不谈。例如，想当然地以为美国是所谓的"民主先锋和堡垒""国际秩序的担保人""自由世界的保护者"；以为伊斯兰极端主义是我们的文明所面临的唯一的、巨大的威胁，认为我们的文明一直有屈从于它的倾向；以为"欧洲，我的未来"这句话会使我们所有人变得更强大、更富有、更团结。可是直到现在，不赞同以上三点"共识"依然等同于自绝于理性中立派和本地文化圈。我们因此总是畏首畏尾，顺从听话。背后的原因值得深思。

"这些我们以前就知道。不过，因为懒惰和怯懦，我们听之任之。我们害怕民众的反对，担心朋友们的嘲讽和大师们不理解的蔑视。"（摘自马克·布洛赫①的《奇怪的战败》）恐惧总是影响我们的判断。现如今的法国知识分子，尽管以"自由精神"著称（可谁又会自称奴隶呢？），却已不会像其神圣的导师笛卡儿——我们知识界的代表那样，在阿姆斯特丹某条人头攒动的无名街道深处一间"用火炉取暖的房间"内，在没有报纸、博客、推特、电视和广播的情况下思考。他屈从于环境和教区的压力，不敢越红线一步，因为任何一次越线都会付出代价。处理国际事务时，摆在他面前的是一片诺曼底海滩，那海滩完全暴露于悬崖碉堡的火力之下，要是他胆敢鼻孔朝天、枪中插花，自以为是地在此登陆，毫无顾忌，碉堡后的敌人在寥寥数语间就可让其毙命（通常开上五六枪即可）。在大西洋的这道墙上，防御也讲经济效益，相较于持久作战，它更偏向毕其功于一役。视频传播时代里讲究

———————

① 马克·布洛赫（1886—1944），法国历史学家，"年鉴学派"的创始人之一。

短、少、小，我却准备长篇大论。

对许多人而言，反美、有用的白痴①、反欧等标签都是他们晋升路上的绊脚石，所以不如点头同意，俯首称臣，面带微笑，含糊其词。厘清真相是需要骨气的，这可不是人人都能做到的。口无遮拦会被看作有失体面，尤其是在需要公正无私地开展调查工作的时候；在致力于研究全球力量对比之起伏变化的实验室里，白色的实验服是标配。然而，在历史书写中掺杂些许个人化的表达有助于照亮令人困惑且晦暗不清之处。虽然自我批评因其左翼背景而备受诋毁，但在这连自命不凡的个人秀都能获得巨大成功的自由主义时代里，它依然是一套行之有效的方法。

关于星条旗

我那名为"冬眠者"的孪生兄弟在低温冷冻状态下无忧无虑地度过了好多个年头，欧洲城项目使他大为惊异。我却与他相反，看不出欧洲城有什么独特之处。草木荣枯难以察觉，换季期和空位期②难以跻身历史年表。70年太长，生活于其中的人们根本意识不到，他们安居乐业的这

---

① "有用的白痴"，源于冷战时期的政治术语，含贬义，指易受党派宣传操纵和影响的人士。

② 空位期，指两届政府或两个朝代之间的过渡期。

方群落生境的磁场已发生偏移，磁极已从一处转移到另一
处。此种疏忽情有可原，首先是由于个体发育不良，并由
此演化为"社会问题"：性格普遍有些怯懦，并表现为过
于担心自己的声誉。肉体脆弱，骨气全无，巴汝奇①最关心
的是如何远离烦恼，明哲保身。由于早就输掉了品质形容
词之争，迷路者已无权审查舆论贴在他们身上的标签——
要知道，舆论可是"世界之女王"②。在当代巴黎，反美
人士（必须明确，这里指的是最浅薄的反美人士）被认为
介于有法西斯主义倾向的反动派和思想落后者之间，他们
身上背负的此种污名曾是且依然是巴黎人避之不及的东
西。一旦留有案底，就会被列入惯常嫌犯名单之中，这是
另一项阻碍人们扛起反美大旗的因素。不得不承认，我因
此遭遇的几件微不足道的麻烦事虽然丰富了我的知识，却
也让我在反美议题上加倍谨慎。就像2001年4月的一天（比
尔·克林顿任总统期间），我在波士顿机场被拒绝入境，
尽管我手持大学的邀请函。他们没收了我的护照，一番盘
问后把我驱逐出境。他们怀疑我"与恐怖组织有来往"，
把我列入了黑名单。我被遣送回国，"无瑕之地"的哨兵
们禁止我以后再次踏足甚至从上空飞越这个如约柜③一般

① 巴汝奇，拉伯雷的小说《巨人传》中的人物，庞大固埃的同伴，机智而胆
　小。这里指的是怯懦的人。
② 语出罗伯斯庇尔1792年11月23日的信件。
③ 约柜，《圣经》中古代犹太人存放上帝约法和诫命的圣柜。

的地方。这件事在我身上唤起的怨恨少于感激，因为这种机会太难得了，它让我们从内部思考"民主"和"恐怖主义"这两个词汇的弹性空间。这些词汇就像气球，其膨胀程度取决于给它充气的人，取决于在什么地方充气，以及在什么时候充气。

*

在仔细阅读了一些文选（尤其是杰出的菲利普·罗歇①的《美利坚敌人》，书中清点了两个世纪以来法国文人所发表的或多或少有些荒谬或可笑的反美主义言论）以后，我对那群冒险进入反美雷区的可怜虫不再抱任何幻想。他们身患"愚蠢且卑劣的恐惧症"，心怀"地方性敌意"，遭受着"精神奴役"，简直到了极度癫狂的地步——要知道，法国可不像德国、意大利和西班牙，它从来没有跟美国打过仗；法国就像一个被宠坏的孩子，忘恩负义到了无以复加的地步——要知道，这个孩子曾两次（1917年和1944年）被美军从苦难中拯救出来。而且，我在阅读中获知，"否定是展开反美话术的必备绪论"（罗

---

① 菲利普·罗歇（1949—　），法国历史学家、批评家，法国思想界的重要刊物《批评》的现任主编。

歇语），但我是迈尔斯·戴维斯[①]、威廉·福克纳[②]、艾娃·加德纳[③]、达希尔·哈米特[④]和奥逊·威尔斯[⑤]的忠实粉丝，并且对"美国的人属动物"（Homo americanus）有抑制不住的好感（我有幸见到过许多与刻板印象不同的男女样本），这导致我在这帮警惕心很强的人眼中问题很大，与他们并非同类人。我属于这样一类人：他们心中对法国的热爱程度与他们对作为个体的法国人的反感程度相当。"普通法国人"的原型（archétype）是狭隘、懒散、有些爱慕虚荣、拘谨、害怕风险、畏惧大风大浪的，就像"在意大利人的基础上再加上一身坏脾气"；其大西洋彼岸的对应者则是开放、直截了当、慷慨、容易打交道、富于创造力、往往很有趣的。对我来说，前者有多么难以忍受，后者就有多么值得信任。

　　这里有一个涉及研究方法的问题。此处提及的"法国人""欧洲人""美国人"都是"理想类型"（idéal-

---

① 迈尔斯·戴维斯(1926—1991)，美国著名的爵士音乐家。
② 威廉·福克纳(1897—1962)，美国作家，1949年获诺贝尔文学奖，代表作有《喧哗和骚动》《我弥留之际》等。
③ 艾娃·加德纳(1922—1990)，美国女演员，代表作有《红尘》《巫山风雨夜》等。
④ 达希尔·哈米特(1894—1961)，美国侦探小说作家，硬汉派小说的创始人，代表作有《马耳他黑鹰》《瘦子》等。
⑤ 奥逊·威尔斯(1915—1985)，美国演员、导演、编剧、制片人，代表作有《公民凯恩》等。

type）。依据马克斯·韦伯①对该术语的释义，它们既不是对现实的简单复制，也不是从特殊到一般的归纳产物，而是用于支撑对集体的独特性进行研究的知识建构。寻求影像化现象的统一性，由此得到的抽象结果与照片本身是两个不同的概念。波士顿的美国人当然不同于加利福尼亚的美国人，南北战争中支持南方邦联的人自认为与北方联邦政府的拥护者有极大差异，黑人不同于白人；同样，丹麦人不同于西西里人，马赛人也不同于加来人。不可能给"美国人"或"欧洲人"来个特写，也不存在能照出一个民族灵魂的自助快照亭。我们受了琐碎痕迹的毒害，它给我们的思想蒙上了黑布。街头有具象，头脑中就有对具象的捕获。电视连续剧和旅游指南中为各民族的民族性所打造的"品牌形象"就是这样进入人们的常识中的。French bashing（辱法现象）和French kiss（法式接吻）就是这样在美国悄然盛行的。补充一句：原型与偏见往往最终化为"理想自我"——我们多多少少会有意识地去顺应这个角色。在国外，我们常常会努力扮演成外国人心目中法国人的样子，演着演着，就真的成了那样的法国人（不过这对我们来说并不是什么有利的现象）。法国人也许会对自己的原型持怀疑态度，但他们的具体特点在外国人眼里是确

---

① 马克斯·韦伯（1864—1920），德国社会学家、历史学家、经济学家，与马克思、涂尔干并列为现代社会学的三大奠基人。

凿无疑的，尤其是在盎格鲁-撒克逊人眼里。他们观察我们，解读我们，拜访我们，认为我们傲慢、自命不凡、自以为比他们聪明，还比较下流。好听一点的版本是：能言善辩、不缺乏魅力。难听一点的版本是：吹牛大王、伪君子，动不动就背叛（看电影和连续剧就可知道）。我们是 French lover（法式情人）或双面间谍，是查尔斯·博耶[①] 或马塞尔·达里奥[②]。演员不断更替，角色却依旧如是。不喜欢刻板印象的人其实缺乏实践能力，用"全球语"（globish）[③]写就的商务谈判教材比我们更了解我们自己。

让我们回到前面的话题。

塔列朗[④]认为："对本能反应多加怀疑，这总是件好事。"每当我无法在高布赛克[⑤]和洛克菲勒[⑥]之间做出选

① 查尔斯·博耶（1899—1978），美籍法裔演员，1929年从巴黎进军好莱坞后因出演多部美国影片而声名大噪，代表作有《海角游魂》《煤气灯下》等。
② 马塞尔·达里奥（1900—1983），法国演员，常在美国电影中扮演法国人角色。
③ 全球语，指非英语母语者在国际交流中使用的一种简化版的英语，往往不讲究语法与辞藻，只求保证有效沟通。
④ 夏尔·莫里斯·德·塔列朗-佩里戈尔（1754—1838），法国大革命时期颇具争议的政治人物，机会主义者，被称为"魔鬼般的瘸子"，以长袖善舞著称，在政权更替频繁的大革命时期总能在政府中谋得一席之地。他曾任驻美外交官，是法国反美主义的鼻祖。
⑤ 巴尔扎克的小说《高布赛克》中的主人公，典型的高利贷者形象。
⑥ 洛克菲勒（1839—1937），美国企业家、慈善家，美国第一位亿万富翁，被称为"石油大王"。

择，每当我在玛蒂妮·卡洛①和芭芭丽娜②之间犹豫不决，我总是倾向于信任塔列朗所说的这句话，尽管身为贝内文托亲王③的塔列朗本人并不值得信任。在如何对待美国的杰出人物的问题上，我可能会采用过去某位革命者④对待本国犹太同胞的态度，以此作为个人行为准则，并为自己的情感倾向确立轻重次序："作为个人的他们理当获得我们的全力支持；可要是将他们视为民族，那就没门儿。"因此，最好的办法是躲开。如果我将自己定性为"反帝国主义者"——虽然我认为这是再准确不过的——我就会被指控为欺世之徒。恶魔擅长模仿天使，但也会因此暴露他的身份，这是所有的专业裁判官都熟知的基本规律与手段。总之，"反美主义"是一场注定失败的游戏——我要是否认自己对它的认同，别人反倒会以为我在招供；我要是坦

① 玛蒂妮·卡洛（1920—1967），法国女影星，曾是法国电影界最具票房号召力的性感女星之一，代表作有《爱情与法国女郎》等。

② 芭芭丽娜，上映于1968年的法国英语科幻冒险电影《太空英雌芭芭丽娜》中的主角，征服外太空的性感女郎，由美国女演员简·方达饰演。

③ 贝内文托位于现今的意大利，原是教皇的领地，拿破仑于1802年在塔列朗的建议下颁布了没收教皇领地的法令，并于1806年赐予塔列朗"贝内文托亲王"的头衔。1808年末，巴黎谣传拿破仑于西班牙战死，塔列朗遂与警务大臣约瑟夫·富歇密谋，推举皇后约瑟芬上位，犯下叛变的罪行。拿破仑战败后，贝内文托被交还给教会，塔列朗也失去了"贝内文托亲王"的头衔，但作为补偿，新政权赐予了他"塔列朗亲王"的头衔。

④ 指斯坦尼斯拉斯·德·克莱蒙-托奈尔（1757—1792），法国政治家、资产阶级革命者，拥护君主立宪制，曾于1789年发表演说支持给予犹太人以公民地位。

白，应有的罪责还是会压到我头上。不是一件好买卖。

　　罪证列表上可供勾选的犯罪缘由不止一条，不在任何一个方框中打钩只会让指控变得更为严重。可这些缘由都是些老生常谈，简直把我当作嫉妒其恩人的贝吕松先生[①]。对此，我无法苟同。难道我是在用乡村的贵族别墅反对摩天大楼？我可不是贵族，我很欣赏钢铁和玻璃，更不用说电梯了。难道我会认为美国与波德莱尔笔下的比利时[②]一样——无聊透顶且仇视美感？要知道，我的祖上就是比利时人，我为此感到骄傲，我可不会把"刻意创造的美"（即所谓的"艺术"，15世纪才姗姗来迟）看作文明不可或缺的符号。难道我是在用"高雅文化"反对有点俗气的玻璃小饰物？可蒙田曾经说过："我们把所有与自身习俗不符的东西都称为未开化。"难道我是在用精神世界反对机械化社会？以田园牧歌的美好名义，揭露机器以及进步带来的危险；以小乡镇的名义，揭露不人道的大都市；

---

① 贝吕松先生，法国剧作家欧仁·拉比什（1815—1888）和爱德华·马丁（1825—1866）合著的喜剧《贝吕松先生的旅程》中的男主角。剧中，吕贝松先生与妻女一道去旅行，遇上了两名青年男子，两名男子受其女儿吸引，对她展开了疯狂的追求。其中一名男子救了从马上跌落的吕贝松先生一命，吕贝松先生却出于自尊与嫉妒而怨恨这名男子；另一名男子见此情形，假装从马上跌落，为吕贝松先生所救，满足了后者的虚荣心，因而受到赏识。但后一名男子的把戏最终被戳穿，吕贝松先生也改变了自己的意向。

② 波德莱尔极度厌恶比利时，曾作诗集《比利时讽刺集》嘲讽比利时的闭塞与无趣，其未竟之作《可怜的比利时！》也对比利时极尽挖苦之能事。

以庄稼汉的名义反对买卖人；用羊毛长筒袜①反对银行账户——此种贝当派分子式的哀叫，此种老掉牙的战前版本的反美主义，只能让我这样的媒介学家发笑，因为我心里明白：没有无机器之精神，没有无城市之文明。而战后版本的反美主义则以人格主义②为外在形式，宣扬"以人文主义对抗技术主义"的老调——这对我这样的史前考古学家勒儒瓦–高汉③的门生而言，也不那么容易接受。勒儒瓦–高汉明确无误地告诉我们：人化过程（hominisation）与技术化过程（technicisation）相伴而行，正如大脑皮层的进化与石器的使用息息相关；工具是人体的延伸，而非人类的对立面；"作为工具制造者的人"（Homo faber）和"作为智识拥有者的人"（Homo sapiens）属于同一个物种。难道我是在以天主教徒的名义反对新教徒？穆尼埃④和克洛岱尔⑤就属于这类人。他们极度厌恶美国，甚至怀疑美元符号上的那两条竖线代表魔鬼的角和尾巴，由此拓展了宗教信仰领域的争论。不过，这与我无关。不管是那帮敌人——

① 旧时的西方人常将钱财储存于羊毛长筒袜中以防偷窃。
② 人格主义，唯灵论哲学的一个分支，主张尊重人格，强调人格的全面发展。
③ 安德烈·勒儒瓦–高汉（1911—1986），法国史前考古学家与古人类学家，著有《进化与技术》《环境与技术》等，探讨了人类进化与技术之间的关系。
④ 埃马纽埃尔·穆尼埃（1905—1950），法国哲学家、新闻工作者，人格主义的重要代表人物。
⑤ 克洛岱尔（1868—1955），法国诗人、剧作家和外交官，代表作有《缎子鞋》等。

他们信仰所谓"历经了改革"的教派，并且是这场争论的胜利者——还是这帮抵制洋基佬运动的支持者，我都嗤之以鼻，因为宗教是一场已然过时的运动，从历史规律来看是注定失败的。总而言之，对那些善于揭穿虚假托词的预审法官来说，这不啻一个理想案件。

我现在注意到，除了我性格上的缺陷外（性格决定命运），还有两个更常见的盲点可以解释我的疏忽大意。当然，它们不足以为我开脱。

首先，是由生态系统引起的盲目。我们不能要求一条金鱼去组织有关鱼缸历史的研讨会——哪怕它有一定的历史观念，对此也必定是毫无兴趣的。人们不会把用作讨论依据的概念设置为讨论对象。期待一个沐浴中的人描述他的浴缸，就像期待巨人明希豪森男爵①扯着自己的头发把自己从地上拉起来一样——几乎是不可能的。"让捣蛋鬼乖乖听话"之类的事件从我童年时期起就不断发生。它犹如一列行驶中的火车，自童年时期就已发车。可我身在其中，没能觉察到我眼皮子底下发生的"假晶"现象。"假晶"这个术语指的是一种矿物替换掉另一种矿物，但依然保持后者的外形。或者，如果人们愿意的话，也可以

---

① 明希豪森，原为18世纪德国的一位男爵，退役后在家乡讲述其当兵、狩猎时的一些趣事。后有人据此虚构了一个人物和一系列故事，其中一则故事讲道：有一次，他掉进了泥潭，四周无所傍依，于是他抓住自己的辫子把自己从泥潭中拉了出来。

指一个一直是联合国安理会常任理事国的大国，虽有使馆、军队、国旗、部委、行政区划等，但躯壳内部已经空了，并被填入了其他内容。我们在自己的思想和行为框架下思考与行动，却终究无法把握这一框架本身。要想对它有所认识，就必须远离它，将依附关系悬置起来。可这对一块当了一辈子海绵的海绵而言又谈何容易。要想获得真知灼见，就要摆脱自己的社会环境。巴西在二战时期为斯蒂芬·茨威格（1942年在彼得罗波利斯自杀，就在完成了《昨日的世界》之后）提供了瞭望台。同样流亡巴西的贝尔纳诺斯也获得了此份馈赠，他至死未从这一状态中恢复过来。每一次解缆启航都是一场冒险，而留在自己的气泡里①只是一种生物预防措施。

其次，是戏剧化状态（dramatisme）。这是一个传承自基督教的习惯——高估事件（événement）②的重要性，无论该事件是幸福抑或不幸。此种先天性迷信使我们对默化（transformations silencieuses）无动于衷。我们不像中华文明那样将默化视为珍宝——后者在智识的武备上比我们更胜一筹，更擅长捕捉悄然涌动的暗流。"欧洲通过《创

---

① "留在自己的气泡里"为法国俗语，意为"与世隔绝"。此外，"气泡"（bulle）一词在法语中还可以指"无菌罩"。
② 此处的"事件"是一个哲学概念，指发生于寻常时间进程中的不寻常之事，往往具有显著性和重要性。

世记》和诸如基督受难之类的伤痛，也通过新闻和小说，将事件戏剧化。然而，每个事件都是一个图形（figure），背后掩藏着它的缘起之所在——基底（fond）。事件，是一抹舞动于深海表面的泡沫。"（弗朗索瓦·朱利安[①]语）缓慢的浸渍不会成为头条新闻。吊诡的是，虽然我们不停地颂扬变化，并热切地呼唤改变，但我们对事件（及其必然结果，即政治人物无处不在的面孔）的依赖使我们无法感知变化与改变。我们惯于用切分节奏演奏连贯的信息，这使我们既无法触及事件深处的持续性——"共和国就是我们法兰西的王国"（夏尔·佩吉[②]语）——也无法获知这一持续性是否发生了断裂。缺乏主次区分的信息对我们的大脑狂轰滥炸，这虽有助于我们了解世界的运转状态，却无助于把握其来历与走向。更何况，事件（根植于逻辑链条，在传承旧事物的基础上创造些许新事物）现如今已堕落为媒体噱头（费曼[③]成员裸露上半身，闯入一座大教堂），解决不了任何问题。我们对高调发生的事情知道得越多，对低调到来与消失的事情了解得就越少——无

---

① 弗朗索瓦·朱利安（1951—　），又译"于连"或"于莲"，法国哲学家、古希腊学家和汉学家，著有《过程与创造》《迂回与进入》《默化》等。
② 夏尔·佩吉（1873—1914），法国诗人，诗作有《第二种德行的神秘门》《夏娃》等。
③ 费曼（Femen），乌克兰的激进女权组织，因赤裸上身抗议的方式遭热议。

论是虚拟式①还是法式火腿三明治，是漫游（flânerie）②还是石楠根烟斗，是黄金时段播放的歌词式香颂（chanson de texte）③还是替代了丘吉尔V字形手势的竖大拇指，我们都不甚了了。那些引起轰动或挑起冲突的事情使我们忽视了许多东西——电台里的证券专栏与天气预报都日趋冗长，晚报版面中增加了"赚钱副刊"，杂志封面上定期出现"共济会的秘密"和"背痛治疗"之类的标题。让我们用朱利安·格拉克式的图景④来打个比方——这位作家每天都收听法国国际广播电台，总是对该电台的"一千法郎"竞答节目及其参与者的无所不知感到惊讶——2000年，我们在地图上标注的海拔高度点比1900年的要多，但要把这些点连成等高线，难度却比我们先辈所处的那个年代要大得多。我们的确知道了很多事，但它们都不构成意义；我们获得的信息变多了，拥有的视角却变少了。

此般逃避虽能让自己感到舒适，却为"世界主义化"（cosmopolitisation）、"全球化"（globolisation）、"跨

---

① 虚拟式，语法范畴"式"的一种，指用于表示怀疑或不肯定等句子的动词形式。法语的虚拟式因为较为复杂，在日常生活中的使用频率越来越低，使用方式也越来越简化。

② 漫游，指作为现代工业化社会观察者的人在人群中闲逛的状态，是19世纪法国文学中常见的主题，常以巴黎为都市背景，代表人物有波德莱尔等。

③ 歌词式香颂，一种极具法国特色的流行音乐风格，其最大的特点是精致而富有抒情性的歌词，盛行于20世纪60年代。

④ 法国作家朱利安·格拉克是地理学教授，其作品中常有大段对地理环境的刻画与描绘。

国化"（transnationalisation）之类的丑陋新词的诞生提供
了条件。各种各样的"化"从天而降，来势汹汹，不容
置疑。我们被这种无尽的细节扰乱分心，没有精力去穿
针引线，在无数无足轻重、缺乏条理的琐碎之事间建立
联系。此类琐事有：生日蛋糕上出现"Happy birthday to
you"（祝你生日快乐）的字样；先是足球运动员，后是
部长，最后是总统，人们逐渐习惯于在听到《马赛曲》
时将手放于胸前；信封上的"M."被英文"Mr"取代①；
我们的国家元首在曼哈顿慢跑时身穿写有"New York City
Police Department"（纽约市警察局）字样的T恤衫；后
置定语消失不见，出现了"Brive Festival"（布里夫音乐
节）、"rebelle attitude"（叛逆态度）之类的带有前置定
语的词汇②；使用姓名的首字母缩写来指代某个人，例如
用"VGE"指代前总统瓦莱里·吉斯卡尔·德斯坦，用
"PPDA"指代主持人帕特里克·普瓦夫尔·达沃尔，用
"BHL"指代哲学家贝尔纳-亨利·列维；出现了许多只知
其名不知其姓的陌生人，例如高铁的列车长会以"我是你
们的车长让-皮埃尔"的形式做自我介绍③；用"les droits

---

① M.和Mr分别为法文和英文中的"先生"一词。
② 英语中使用前置定语的情况较为常见，而法语中的定语大多后置。
③ 用法语向陌生人做正式的自我介绍时应当使用自己的姓，但用英语时则常
　常会使用自己的名。

humains"指代"人权与公民权"①；用英语词汇"desk"
指代"前台"；《费加罗报》网站的政治访谈节目以英语
词汇"talk"命名；用英法混合词"pays low cost"指代"低
成本国家"；报刊亭里摆放着以英语"*ArtPress*"（《艺术
杂志》）命名的杂志。此类异国情调可谓层出不穷，且都
是一些细枝末节，要是放在过去，我可能连看都不会看一
眼。之所以会出现以上现象，其一是因为天真；其二归咎
于一个发家于塞纳河畔讷伊市的公子哥，他年纪轻轻就厚
颜无耻地当上了总统②；其三则源于一时兴起的赶时髦。不
过，其中最重要的原因还是英美法系更有利于做生意，几
乎处处都比大陆法系更占优势。

　　过去，我一直在逃避。我曾把这些失策归咎于纯粹的
政治失误，即政治上的右倾主义。毕竟，我们国家具有古
老的右倾传统。法兰西的王土上不是一直都存在各帝国势
力的第五纵队吗？亨利四世时期，西班牙在法国扶植了宣

---

① 见第97页。"Les droits humains"是受英语"the human rights"（人权）
一词影响而形成的法语词汇，直译为"人类权利"。法语中"人权"的
专有名词为"les droits de l'Homme"，且常常与"公民权"（les droits
du citoyen）并用，称为"人权与公民权"（les droits de l'Homme et du
citoyen）。

② 指的是法国前总统尼古拉·萨科齐，他出生于巴黎的一个富裕家庭，政治
生涯起步于塞纳河畔讷伊市市长（1983—2002），后担任法国总统（2007
—2012），执政期间主张与美国建立"深厚、真诚、坚定"的伙伴关系，有
强烈的亲美倾向。

扬教皇至上的天主教同盟①；随后，我们的土地上出现了奥尔良派②，他们是英国的代理人，推崇那不朽的中庸政治体制；后来，我们又在苏联的影响下建立了法国共产党。苏联解体后，我们心中的理想国由东方滑向了西方，势不可挡。山姆大叔填补了人间天堂的空缺，并在回归商业活动的新奥尔良派③中找到了捍卫者，建立起"中间派的共和国"，实现了"人人皆可结婚"——左派中的右派与右派中的左派之间的联姻。可这些并不是什么了不起的事儿。无足轻重的左右交替执政无损于法国之精粹——它像个坚不可摧之人，只要还能在讲坛上发出亚历山大体诗歌④中的哑音e⑤，只要还能在听写时写出长音符号⑥，就不会死。总之，我不乏此类地质学或者教育学方面的托词来逃避那令人痛苦的账单。2001年9月11日的次日，看到每晚必读的报

---

① 天主教同盟，法国胡格诺战争时期（1562—1598）北方天主教贵族为对抗崛起的胡格诺派新教徒而结成的同盟，背后有西班牙的支持。

② 奥尔良派，法国19世纪上半叶拥护奥尔良家族的政治派别，推崇英国式的君主立宪制，在七月王朝时期（1830—1848）鼎盛一时。

③ 指新自由主义者。

④ 亚历山大体诗歌，法国的一种诗歌体裁，每行由12个音节组成，最基本的形式是在第6个音节后有一个顿挫。

⑤ 在当代法语口语中，字母e在许多单词的特定位置不发音，被称为"哑音e"。但在朗读古典诗歌时，哑音e在许多情况下必须发[ə]音并算入音节中。

⑥ 长音符号，即"^"。法语单词的元音字母有时带有长音符号，如"â""ê""î""ê""û"，这被许多人认为是使法语区别于英语等其他语言的特征之一。但长音符号在现代法语中只是作为一种词源标识而存在，是否带有长音符号并不影响字母与单词的发音，这导致许多现代法国人在书写时经常遗漏之，法国民间也存在一部分支持废除长音符号的声音。

纸头版写着"我们都是美国人"（而不是纽约人）时，我再次把它理解为发自内心的呐喊，或值得称赞的对受害者的共情。我甚至把它理解为一个刚接受完法美基金会培训的责任编辑所犯下的情有可原的笔误——他也许跟90％的同行一样，经由该基金会获得过访美的机会。毕竟，法美基金会每年都会两次邀请精英圈子里的青年领袖们到大洋彼岸进行一段长时间的访问，与那里的政府官员和大人物见面。我过去曾把这类现象视作对我们高层人士的有限渗透，针对的只是我们的精英阶层，而我国的下层平民群体是不会缴械投降的。以上的一切都大幅增加了我对表露自己观点的恐惧，因为我害怕自己是在轻易地下结论，害怕将狭隘而偏激的一面之词带入不偏不倚的判断之中。毕竟，狭隘与偏激无处不在，是文明社会的普遍现象。它有较高的危险性，能够在两个群体之间造成撕裂，比如在古希腊人和特洛伊人之间，在艺术博物馆爱好者和民俗博物馆爱好者之间，在阿马尼亚克派和勃艮第派①之间，在左派和右派之间，在进步主义者和保守主义者之间。生态系统包罗万象，却不问细节。正因如此，很长一段时间里我都早早上床睡觉，在不断变迁的事物面前闭起双眼。

---

① 阿马尼亚克派和勃艮第派是法国阿马尼亚克-勃艮第内战（1407—1435）期间的两大派别。两派人马分别是法国瓦卢瓦王室的两大分支的支持者，因王位继承权而大打出手。此场内战发生于英法百年战争期间，大大削弱了法国的国力，使英国得以在战争中暂时处于上风。

关于新月沃地①

　　共和价值观捍卫者出于好意，总会对正义的事业（比如坚定地捍卫政教分离）做出糟糕的预测，尤其是当他对时代的潮流过于敏感的时候——出于自卫的合理反应会取代思考。让我们简要回顾一下街头和报纸上流传的东西。每当我们的城市里发生恐怖袭击，这些流言蜚语就会被认定为一个显而易见的残酷事实：

　　"民主的西方正与想置它于死地的敌人进行斗争。我们这个以基督教为基础的社会正在伊斯兰化——它就像一把钳子，钳口的两半分别代表侵略和颠覆，或恐怖和人口。这是真正的威胁，需要使用包括合法手段在内的所有手段与之斗争。该发布全民动员令了。否则，等待我们的只有投降。"

　　曼哈顿双子塔倒塌的景象令全世界战栗，史无前例。自那天起，各国政府、视听媒体和报纸将此事一提再提。随后在不同地区发生的杀戮使此种被迫害妄想症愈发严重，人们变得既愤怒又惊惶，这两种情绪在心头久久萦绕。

　　在此，我并不打算对近期伊斯兰极端主义的泛滥现象

---

① 新月沃地，指西亚两河流域及其毗邻的地中海东岸的一片弧形地区，因土地肥沃，形似新月，故名。

作一番回顾（汤因比早在1947年就预见并解释了此种爆发式现象），毕竟伊斯兰世界的受害者比我们世界里的受害者多百倍，一些优秀的伊斯兰文化学者对此也进行了深入的分析，重提这个话题于事无益。我也不想在此讨论应该对伊斯兰极端主义采取怎样的预防与打击措施，因为杰出的法学家和公共安全专家已有诸多结论。我想在此讨论的问题是：人行道上的血迹所展示的此般迫在眉睫的危险，究竟是如何在我们的头脑中滋长，直至成为悬在我们头顶的威胁我们文明之生存的达摩克利斯之剑的？

恐怖分子可不是什么好女婿，他们是我们这个所谓的后现代社会的产物，虽是非法生子，但确确实实是亲生儿子。他们严格按照我们社会的运行规律行事。首先是经济规律：在人员、物资、物流以及资金上都力求投入最少，在获利上则力求最大——制造最多的死亡，造成最大的轰动效应和恐慌，这正是他们追求的目的。他们将极小化的投资化作极大化的利润，演绎着杀手版本的"少即是多"。他们以弱者之身绕过了强者的防卫，后者遵循的则是与他们相反的范式——以极大化的投资收获最小化的成果。其次是信息规律。他们如何运用信息规律？颠倒事件发生的概率（比如说"主教咬了自己的狗"）。什么能使信息规律最为有效？奇迹和屠杀——和平时期两大制造意外的利器。恐怖主义行为是制造事件的机器，其目的在于高声宣告、大力炫耀和引起惊愕。在科技再生产能力高度发达的今日，恐怖主义行为具有病毒般无与伦比的传播能力，因为它即刻就能复制成几百万条快讯，并在一瞬间传播到我们的家中或手机上。只要有一辆卡车、一个燃气瓶和一把卡拉什尼科夫步枪，一个精神失常的人，无论是否受远程操控，只要他急于上天堂，就可在几秒钟内引起数千万甚至上亿人的恐慌。亡命之徒借由放大效应，用最低廉的代价在目标人群身上引起最大化的恐慌。从一方面看，这是对我们集体无意识的一种潜移默化的持续性修改，它像植物般平稳无声，构成一种"反事件"（antiévénement），宛如每日降临的温柔呵护；但从另一方面看，这是一场光天化日下的杀戮，一次惊心动魄的"超级事件"（superévénement），直击人心，让人们清醒而不是将人们催眠。恐怖分子通过制造爆炸事件来实施圣战，以世间的不幸为善事，激起了人们心中的反圣战情绪，拉紧了集体人格中业已松开的发条。将一盘散沙的"我"再度凝聚为"我们"，还有比这更好的事吗？汤因比认为，所有文明都是对某种重大挑战的回应——这个论点已被历史广泛证明。现如今有数百个持法国国籍的圣战分子活跃于叙利亚，另有一小撮似乎组织极为混乱的自杀式袭击者在欧洲活动。与金帐汗国或维京海盗相比，他们显得苍白而无力。但在法国，这场由零星游击战导致的灾难在一年内以不可原谅的方式造成250人死亡。灾难的严重程度在视听域的作用下被成倍放大，从某种程度上已构成汤因比观念中的那种对文明的诞生和强化而言必不可少的"挑战"。色诺芬[1]早已说过："智者善于从敌人身上获取利益。"敌人就是强心剂。

教皇诞生！白烟升起[2]，如释重负。魔鬼现身！振作起来，重新出发，亡羊补牢。弥补什么？弥补侵蚀作用产生的裂隙。文明永远需要蛮族的存在。如果没有蛮族，它也会造出一些蛮族来。我们的文明过去并不需要创造蛮族，因为蛮族确实存在，如兴奋剂般激励我们前行。对于一个军事联盟或政治同盟而言，没有什么比老对手放过自己、要跟自己做朋友更令人沮丧的了。我们记得，苏联自行解体时，一位俄罗斯外交官曾讥讽般地提醒美国同行："看，你们受到惩罚了吧，因为你们失去了敌人。"我们同样记得，在随后的几年里，因对手此番出其不意的隐退，北约是多么急切地想要避免被解散的命运。于是它撒下一个国家级的弥天大谎，并以此为代价，立刻找到了一个体面的替代者来当它的对手———一个出于事业的需要而

---

[1] 色诺芬（约前430—约前355或前354），古希腊历史学家、作家，雅典人，著有《远征记》《希腊史》《回忆苏格拉底》《经济论》等。

[2] 如果梵蒂冈的西斯廷教堂升起白烟，则表明已选出新一任的教皇；如果是黑烟，则说明教皇人选难定。

披着伊斯兰主义外衣的远方独裁者①（他同时也因这层外衣的狂热属性陷入了死胡同）。圣战分子是理想的野蛮人，同时也颇具戏剧性——留着大胡子，赤着双脚，身穿黑色罩袍，腰佩阿拉伯弯刀，手持卡拉什尼科夫步枪。之所以说他们是理想的野蛮人，是因为就长期而言，他们是可控且可招安的。而就短期而言，他们带来的好处也足以弥补所谓的"反恐战争"对法治造成的"附带伤害"②——紧急状态法、法外处决、巨额开支、对盟友和可疑分子的系统性监听等，以及这场战争灰暗的前景（获得决定性胜利的可能性为零，也许连和平条约都无法缔结)。况且，这一小众意识形态虽然富于牺牲精神，却弥补不了其现实物质力量的薄弱——没有美国总统会去当新君士坦丁大帝③，突然皈依伊斯兰教。我们当中大概没有人能够接受那些想要伤害我们且确确实实对我们造成了伤害的个体的存在（对这些个体，我们同样给予了反击，不过是在遥远的地方，没有摄影机记录，以眼还眼，以牙还牙）。然而，将来自外部的蒙昧返还给我们已受启蒙的文明，可以使后

① 指伊拉克前总统萨达姆·侯赛因（1937—2006）。
② 附带伤害，美国为掩盖其战争暴行而发明的公关词汇，用来指代战争造成的危害，如平民伤亡等。
③ 君士坦丁大帝（280—337），古罗马皇帝（306—337）。313年颁布《米兰敕令》，承认基督教的合法地位。临终时受洗礼，成为基督教徒，是第一个信奉基督教的罗马皇帝。

者显得更加突出，就像将反物质混于物质之中，将黑色泼洒于白色之上。此番行事的好处不该被轻视。在一种尚武的、大男子主义的、无调性的、以自我为中心的文化面前，我们那崇尚和平的、女性主义的、富于音乐性的、以未来为中心的文明只会更加熠熠生辉。前者的一切都以集体为中心，后者的一切都以个人为中心。还有比这更强烈的对比吗？

在马格里布地区、撒哈拉以南非洲、近东和中东、高加索地区甚至是印度尼西亚，虔诚的狂热真实存在且颇具危险性。但它之所以能盛行于欧洲，是因为其背后还有宗教以外的动因。这些动因与世界形势紧密相关：移民潮、干旱和气候异常、工业化国家对劳动力的需求、欧洲人口的老龄化、全球飞速发展的城市化（1900年，世界上只有16座百万人口的城市；到2016年，已经增加了400座）、身份认同危机（多元文化共存难以得到普遍认同）、阿拉伯世界世俗主义的失败（西方国家对此难辞其咎）。在法国，还可以增加几条：教育体系的崩溃、大规模失业、社会结构的撕裂、集体信念因一切向经济看而干涸、世俗弥赛亚主义和工人运动的衰落、殖民扩张的报应（当时你不请自来，我今天也用同样的方式对你）、对移民的母国文化漠不关心等。尽管如此，除了在某些会让虔诚的马格里布人有宾至如归的感觉的南法乡镇，大多数穆斯林移民都会以融合、融入、通婚的方式成为法国社会的一部分。部分杰出的人口学家将此般激变视作所有信奉"整体主义"的传统社会在并脚跳入崇尚个人主义的现代性中时都会经历的错乱现象，但随着大众文化水平的提高和出生率的降低，它终将得到缓解。无论预测结果如何，还有一些事实应该可以让那些本土文化的卫道者和清真寺恐惧症患者放下悬着的心：伊斯兰教内部并非铁板一块，什叶派与逊尼派之间存在冲突；伊斯兰世界缺乏一个可担任指挥的大国——埃及、土耳其、伊朗都因显而易见的原因无法扮演该角色（即便巴基斯坦有核武器，阿拉伯国家有石油）；乌玛（Oumma）[①]已然分裂为多个民族实体，缺乏像第三国际那样基础坚固的阵地；在所有活跃于法国的社群中，穆斯林社群是最不具社群意识的。此种伊斯兰版本的清教主义进口自外国，是一种无文化者的文化，是漂泊异乡者用于找回身份认同的一亩田地，自然容易让我们联想到沙海与骆驼、因争夺水井而起的斗殴，以及全身裹得严严实实的妇女。不过，与我们丰富多彩、包罗万象的融合主义（syncrétisme）相比，它毫无竞争性。

　　圣战主义的确拥有一批狂热的追随者和传道者。他们做着白日梦，把欧洲当作首战目标。乌托邦一代代地更

———————

① 乌玛，即统一的穆斯林共同体。

替，从世俗信仰变成了宗教信仰。问题在于这些狂妄自大之徒是否有办法实现他们的终极意图。而在当下，这值得怀疑。安全威胁并不是一种可靠的文明诉求，后者正是伊斯兰极端主义所无法提出的。伊斯兰极端主义能够制造混乱，却无法建立替代的秩序；能够到处破坏文明礼仪，却无法撕碎一种文明。况且，如今这个区域里没有形成任何的帝国（没有帝国就没有文明），相反，倒是业已建立的国家被不断摧毁。在这里，你找不到回旋加速器①、工业专利、性吸引力、科学成果、电影、工程师、独特的经济模式、提供舒适生活的家居设备以及不寻常的美丽。总之，你找不到一种新的生活方式。拒绝与世俗世界和解能将人引向两个极端——一端是隐修式的，另一端是狂热式的，或者说一端是苦行式的，另一端是嗑药式的。但此种斗争方式历来只是一件低端替代品，而非着眼于长期的替代解决方案。当然，我这么说并不是要否认此种肉体与精神层面的虔诚笃信对那些成长于物资匮乏环境下的青少年的诱惑力，也不是要否认：如果我们袖手旁观，如果我们此时还不对移民潮采取适当的控制措施，那么此种满怀仇恨的反社会人格就可能成为一颗埋藏于共和国体制凝聚力下的定时炸弹。但是，光靠恫吓是无法实现文明替代计划

——————————

① 回旋加速器，粒子物理学研究中常用到的一种科学仪器，能使带电粒子在沿直径剖成两半的圆盘形空心盒中沿螺旋形轨道运动并加速。

的。想要促成文明的更迭，必须采用其他手段，再不济也得有占领裂隙的能力。至于某些被吓坏了的天才预言家口中的"大换血"①，实在是一套令人困惑的理论。要知道，法国是欧洲唯一生育率达到平均每个妇女生育两个孩子的国家（其中仅有部分源于最近的移民）。况且，在法国三四百万"穆斯林"中（"穆斯林"是一个极为模糊的概念，我们姑且将那些把斋月既视为宗教仪式又视为社会礼节的人称为"穆斯林"），仅有50万赤贫之人会在每周五去清真寺行主麻日聚礼。难以想象，6500万人饫甘餍肥，脑中揣着美国梦，心中想着去哪儿消费，却会被50万赤贫之人制服。只有少数几个城市的市中心会有咖啡馆老板拒绝为女性顾客提供服务，阳台上装着用于收看阿拉伯语电视节目的卫星天线，地下室里设有祈祷场所。除此以外，伊斯兰信仰仅在几个没有多大影响的小地方拥有俘获灵魂与信念的能力。我们的经济学家们难道会去创造一个类似于"华盛顿共识"②的"麦加共识"？全球大型互联网企业中又有几家伊斯兰企业？是谁塑造并管理着非物质经济？

---

① "大换血"，法国极右翼势力鼓吹的一套带有阴谋论色彩的理论，认为穆斯林和非洲裔移民远高于土著白人的生育率将使后者沦为少数族群，届时法兰西文化传统将被外来文化替代。

② 华盛顿共识，1989年由华盛顿三大机构——国际货币基金组织、世界银行和美国政府提出的促进贸易和金融自由化的一系列主张，旨在为拉美和东欧国家的经济振兴提供指导。这一系列主张以芝加哥学派的新自由主义经济学为指导，被认为是美国控制拉美和欧洲国家经济的重要手段。

我们国家统治阶级的孩子们会去利雅得、巴格达或德黑兰接受高等教育吗？我们国家的广告公司、跨国企业、银行会把总部设在北非、中东或印度尼西亚吗？欧盟、圣西门基金会、总部位于华盛顿的世界银行、巴黎政治学院会在新闻发布会或课堂上用阿拉伯语代替英语吗？法国的阿拉伯语教师（阿拉伯语是法国使用人口第二多的语言，位列联合国的10种工作语言[①]之一）一年比一年少，并且由于缺少报考者，中学阿拉伯语教师资格考试每两年才举行一次。这在一定程度上证明我们那些大大小小的领导并不担心伊斯兰势力会对国家构成挑战，因为敌人的语言是必须学习的语言（譬如戴高乐将军就学过德语），而阿拉伯语在法国显然不是必学的语言。

除了都使用GAFA（谷歌、苹果、脸书和亚马逊）以外，西方国家之间还有其他公分母吗？或许是并非全知全能的缘故，我无论如何也看不到所有西方国家都使用阿拉伯语的可能性。而且我也不相信会有一条"穆斯林贯线"能够串联起整个世界，夺取我们对全球化的主导权。"西方阵营"将自己称作"国际社会"，就像人们将许多"美国制造"称作"国际艺术"[②]、"无国界料理"[③]和"世界

---

① 作者在此处的表述有误。联合国的工作语言共有6种，分别为汉语、英语、法语、俄语、阿拉伯语、西班牙语。
② 国际艺术，以美式风格演绎他国艺术体裁的艺术形式。
③ 无国界料理，以美式风格演绎他国菜式的菜肴体系。

音乐"①一样。但世上不存在"伊斯兰阵营"。即使有朝一日，太阳从西边出来了，总部设在沙特阿拉伯吉达市的伊斯兰合作组织的57个成员国成立了一个阵营，它们也不可能跻身人类先锋之列，亦无法成为人类世界之表率。阿拉伯–伊斯兰世界只是整个世界的一部分，它虽然拥有丰富的文化遗产和人力资源，可以蚕食或吞噬我们的世界，但缺乏使自己全球化的能力，终究无法颠覆我们的世界。实际上，它只拥有一件普世之物，那就是资本。但这并没有什么可怕的——资本可是我们的造物。

伊斯兰文化对我们而言的确是应当操心之事，但不构成长远的威胁。我们的确应当坚决关闭穆斯林的地下学校，但用不着大张旗鼓地进行反侵略战斗准备。现如今应当引起我们深思的是，当欧洲人把自己国家想象成一座城墙摇摇欲坠的被围困的城堡，为自己将要变成自己国家里的外国人而担惊受怕时，他们是否被蒙蔽了双眼，对其中的真正原因视而不见。

---

① 世界音乐，以美式流行乐风格演绎他国民族音乐的音乐类别。

关于一面有12颗金星的蓝旗①

欧盟起初是一个被寄予厚望的概念。它将托马斯·阿奎那的基督教神学启示和维克多·雨果的人文主义憧憬融合在一起，海纳百川，拥有无限的可能。依据欧盟起初的概念，各民族国家将不可避免地走向联合，被置于一套统一机构的治理之下，就跟当年不同的地区被统一于民族国家之下一样。其背后蕴含一种简单却强大的坚定信念——"团结就是力量"。除此以外，我个人认为，欧盟的概念中还有瓦莱里的影子，虽然他衷心呼吁的"可能的欧洲"也许与欧盟并不是一回事儿。瓦莱里心中那"可能的欧洲"并非日耳曼民族神圣罗马帝国的复活，而是阿尔贝·加缪在《正午的思想》中所设想的欧洲——带着地中海的气息，充满阳光，闪耀着天主教色彩的铜绿，最后结出人文主义的果实，更接近罗马而不是法兰克福。这样的欧洲始于阿尔及尔，经过亚历山大城，到达贝鲁特，在雅典稍作停歇之后，又向伊斯坦布尔挺进，然后穿过亚平宁半岛和伊比利亚半岛北上。可以说，这样的欧洲视语言、几何学以及想象与创造力为战略核心，就像如今的我们重视道琼斯指数和企业所得税率一样。

---

① 指欧盟。欧盟盟旗以蓝色为背景，12颗金星等间隔分布于旗中央，构成一个圆圈。

　　为了实现对这一古老的文明策源地的构想，瓦莱里寄希望于某种"精神政治学"，并打算在国际联盟的框架内付诸实践。建立国际联盟最初是由美国人提出的（参见威尔逊总统的"十四点"和平纲领①），但由于没能获得参议院的批准，其落实的反倒是欧洲精神，并落户于日内瓦。欧洲精神之于国际联盟，就如战后美国精神之于如今总部设于纽约的联合国。作为第一个集体安全体系，国际联盟因缺乏武力支撑而未能经受住考验——它无法将美好的想法变成实际行动（联合国也是如此，但寿命更长）。在瓦莱里看来，国际联盟中最适合充当领导机构的，应该是1922年成立于巴黎的国际知识合作委员会。1926年，瓦莱里在柏林与爱因斯坦相遇，两人结为知己并一直保持联系。瓦莱里后来邀请爱因斯坦加入国际知识合作委员会，此种亲近的关系为他赢得了"法德亲善大使"的绰号，却备受莫拉斯发起的法兰西行动②的诋毁。我们这位和平的朝圣者希望"肩扛宇宙之人"③都能成为国际联盟的导师，以

---

① "十四点"和平纲领，美国总统威尔逊在一战期间提出的战后世界和平纲领和具体政策目标，其中的第十四点即"建立国际联盟"。

② 法兰西行动，由作家夏尔·莫拉斯发起的法国极右政治组织，成立于1899年。它崇尚君主制，反对共和制度；鼓吹极端民族主义，宣扬法兰西民族至上；与天主教会联系密切。二战期间，其大多数成员投靠维希傀儡政府。

③ 指以世界为己任、摈弃了狭隘的国家与民族偏见的知识精英。语出保尔·瓦莱里1933年4月16日写给阿尔伯特·爱因斯坦的信，瓦莱里在信中称赞爱因斯坦为"肩扛宇宙之人"。

便这些远离利益和偏见的精神领域的劳动者，即文化界与科学界的知识分子，能够给当权的政客以启示。

瓦莱里的行动仅聚焦于"精英阶层的意见"，可能不是很符合民主原则，但他也由此将行动建立在希望的基础上，就像一种间接选举制——"施加在思想者身上的作用可能会传递到统治者身上"。《幻美集》的作者①化身为其理论要点的上门推销员，连续20年到苏黎世、布拉格、维也纳、牛津、里斯本、罗马和柏林等地宣传其行动计划。此种自上而下的推销也许会受到当今欧盟委员会委员们怜悯般的嘲笑，更不用说那些新闻业主管、经理人，以及制糖、制药、钢铁行业的压力集团游说者了。欧洲人已改头换面，变成了务实的实用主义者。实用主义本应是他们的症结之所在，却被当成了解决方案。如果说19世纪的欧洲梦散发着上层阶级豪门盛宴的光晕，那么由实用主义构筑的21世纪的欧洲则是银行家的天堂——一场最虚幻的幻梦。怎么做到的？通过与"经济人"（对大西洋彼岸之人的统称）的乌托邦喜结连理。

世界历史总是诡计多端，它将美国的国家概念扩展至欧洲，建立起"欧罗巴合众国"。而欧洲本应是美国的对立面，或者对一部分人来说，是美国的竞争者。这就是霸

---

① 即保尔·瓦莱里。

权所产生的奇迹，可以让别人来帮忙填补自家的日程。这也是爱情的奇迹。年轻的美国懂得如何让别人在战后喜欢上自己，它当时的对手苏联却做不到——这让许多人感到惊讶。爱它就会模仿它。因此，当面向未来的欧洲联邦试图将自己建立在由新大陆延伸而来的教条与礼仪之上时，没人会觉得反常。一心一意地抹除自己的个性，满怀热忱地拆卸构成自己DNA的东西，这正是剧作家感兴趣的创作主题，尽管他可能会因不知道该采用何种笔调而犹豫不决——喜剧还是悲剧，拉比什还是索福克勒斯——因为其中有太多让人笑或让人哭的素材。欧盟是一台反政治的机器，某些人竟幻想它能够扮演重要的政治角色，甚至期待将来有一天它会成为一个有影响力的大国——要知道，欧盟的存在理由与影响力毫无关联。

我们来总结一下这部大戏的故事情节。社会民主主义者和基督教民主主义者①是戏中最主要的两个角色。在战后，为了防止战火重燃，他们制定了一个绝妙的计划：让共同利益高于个别利益，用联邦主义来为民族主义赎罪。好吧，为什么不呢？此后，我们看到，彼时的社会党人摧毁了社会保障体系，肢解了国家（对于没有财产的人来说，国家是唯一的也是最后的所有物），拆解了公共服

---

① 社会民主主义和基督教民主主义是二战以后盛行于西欧的两种主流政治思潮，分别是中左派和中右派的代表。

务体系，把利益法则确立为最高法则；与此同时，那些主张唯灵论的包工头们①建立起一个既没有灵魂也没有心脏的实体——那是一个极端追求物质享受的人类聚合体，在那里，游说团体为王，难民是敌，计算器为王后。欧洲班级上最优秀的两名学生就这样将新大陆的文化推广至旧大陆。被今日人们滥用的"欧洲"概念可能并未带来任何新的变化，它只是加快了所谓的全球化进程，直至将后者彻底完成。它是怎么做的？致力于经济层面的工作——坚信煤钢生产的一体化必能带来政治一体化，两者之间无缝衔接；坚信只要保证人员、货物和资本能够在"自由与公平竞争"的框架下流通，一个地理名词就能变成一种改变历史进程的力量源泉。总之，欧盟企图绕过大国博弈角力场上的所有玩家都曾经历过的蜿蜒曲折。可事实证明，捷径只是一条死胡同。正因如此，欧盟未能如人们所误认的那样跳出历史进程，因为它根本未曾进入其中。

　　源自《启示录》的星冠旗②下从未有军队集结；布鲁塞尔③的使者从未否决过任何事情，不曾召集过哪怕一次和平大会，未曾发起、停止过哪怕一场战争。因为这不是我们的做派。欧洲能取得重大成就，依靠的是政府间的协

---

① 指以基督教民主主义者为代表的中右派。
② 欧盟盟旗上的十二颗金星源自基督教中的十二星冠。十二星冠是圣母玛利亚的象征，源自《启示录》，即《圣经·新约》的末卷。
③ 布鲁塞尔是欧盟主要行政机构的所在地。

议以及主权国家之间理性而明智的传统形式的合作，空中客车系列飞机和阿丽亚娜系列火箭便是经典范例。主权国家间传统形式的合作带来的都是为事业添砖加瓦的货真价实之物，而欧盟只是一件制度赝品，它带来的是金融资本主义全球化，并赋之以特权——金融资本主义可与莱茵模式①和柯尔培尔主义②大为不同。不过，欧盟也并非一事无成——它于1987年推出了大学生交换项目伊拉斯谟计划③。这是一个卓越的项目，值得我们的尊敬，但其影响力终究不够大：虽有33个国家参与，却仅占用了共同体预算的1.3%；每年仅提供3000份奖学金，且主要针对商学院和工程师学院；以法国为例，只有3%的大学生经由此计划出国学习，如果仅计算公立大学的学生，这一比重甚至只有1%。中世纪式的传统合作在促进国际交流方面做得更好，但欧盟的这份努力仍然值得称赞。

欧盟在纸面上是世界第一大工商业实体，但它同时也是一位擅长把潜在优势转化为弱点的大师。现如今欧盟的

① 莱茵模式，法国经济学家米歇尔·阿尔贝（1930—2015）在其著作《资本主义反对资本主义》中提出的概念，用来指称以德国为代表的莱茵河流域西欧国家所奉行的市场经济模式。它不同于英美模式，强调社会保障体系建设，利用税收和福利政策来寻求企业利益与劳动者利益之间的平衡。

② 柯尔培尔主义，让-巴蒂斯特·柯尔培尔（1619—1683）在担任路易十四的财政大臣时实行的一系列重商主义政策，通过重商、重工、国家干预等方式积累原始资本，一定程度上促进了法国资本主义的发展。

③ 伊拉斯谟计划，欧盟的前身欧洲共同体于1987年启动的一个学生国际交换项目。

巨头地位仅能依靠两个要素维持——巨大的市场与众多的程序规范。这两大要素都是舶来品，与本土文化没有太大关联。它借鉴的是主导美国经济发展的"经济+法律"模式。但这一舶来品中还缺少了最重要的第三大要素——上帝，即神意之授权、全知之眼①，一种统一一切的超越存在。

欧盟从创始之初就走错了方向。这应当归咎于让·莫内②，一个从事法美贸易的商人兼银行家。出于经济效率的考虑，他照搬了美国——他的寄居国与参照国——的做法，却忘了当初将北美各殖民地凝聚在一起的东西——一种糅合了《圣经》与爱国主义的宗教。在独立战争和南北战争中，暴力曾两度成为美国联邦制的助产士。但美国的经济援助使我们避免了分娩时的阵痛。自瑞士联邦成立之日③起，从未有联邦制或邦联制国家能够在诞生之初幸免于此种阵痛。欧洲可能是一个例外。它为自己确立起以下标准：一个没有联邦政府的联邦，出生无污点，不战而胜。斯大林让这种希望得以变为现实，因为只有在存在外敌的

---

① 全知之眼，又称上帝之眼、全视之眼，基督教符号，常见的形式是一个被光芒和三角形环绕的眼睛，代表上帝监视人类的法眼，在美国国徽和一美元纸币中均有出现。

② 让·莫内（1888—1979），法国政治家、外交家，二战后欧洲统一运动的"总设计师"，被誉为"欧洲之父"。

③ 瑞士的现代联邦制虽始于1848年，晚于美国联邦制的成立时间，但其最早的历史可追溯至1291年8月1日乌里、施维茨和下瓦尔登三州在反对哈布斯堡王朝的斗争中秘密结成永久同盟，这一天也被确定为瑞士联邦成立日。

情况下，内部问题才不会被暴露。但随着社会主义阵营的突然瓦解，小步前行的实用主义滑向了库埃疗法①，然后又滑向了转经筒②。转经筒继续转着，放慢速度，但心已不在那里——主持法事的人开了小差。这不是他们的错。经书中的叠句和轮唱终以昏睡为结局，对欧洲一体化的信仰成为第一种无法为信众颁发身份证件的世俗宗教——除非把"大富翁"游戏的小钞票也算作一种身份证件。为了用一套不太可能实现的共同叙事来安抚信众，银行给了他们一种单一货币，并暗中希望把边界推得越来越远。用外向性替代内向性，用总是更远替代可以更好——"往东边去吧，年轻人"③，这话只在有着广阔的空间却缺乏多样性的大陆上适用，在我们这里可行不通。我们的大陆与新大陆相反，以最小的空间承载了最丰富的多样性。

摧毁一种归属感却不拿另一种去填补，这永远是危险的。风险在于退缩为松散的部落。这是一剂假良方、真毒药。政治性宗教一旦缺乏浆液，尤其是缺乏导师和垂直领导机构，就会迅速枯萎。对欧洲一体化的信仰即是其中一

---

① 库埃疗法，法国治疗师埃米尔·库埃（1857—1926）提出的治疗方法，通过强大的心理暗示来解决一些现实中的问题，是一种不依赖外力外物的自我修复方式。
② 转经筒，又称嘛呢轮，藏传佛教徒所用筒状法物，内装纸印经文，每转动一周就相当于念诵一遍《大藏经》。
③ 指欧盟东扩。此句话模仿自美国西进运动时的口号——"到西部去吧，年轻人"。见第115页。

种，体制机制设计得拐弯抹角，显得苍白而无力。此外，它竟然认为一部宪法可以建立在一片没有共同语言、共同记忆和共同传说的基础之上。正因如此，欧洲一体化的神话比预想中褪色得更快。此种"宪法爱国主义"①干瘪而空洞，让商业之精神独占空位，却把赋予它意义的"精神之商业"视作无足轻重的东西。在这一点上，没有什么比欧洲数字化图书馆项目（该项目由法国国家图书馆馆长让–诺埃尔·让纳内提出）的流产更可悲的了。

结成联盟的欧洲脱下"白色教堂外衣"②，换上了"蓝色超市外衣"，并用遍布各地的外形迷人的博物馆弥补精神上的贫乏，打着呵欠履行自己在文化方面的职责。这样的欧洲难道还是欧洲？在修道院盛行的时代，当爱尔兰人圣高隆邦③在欧洲大陆的各个角落播撒修道院种子的时候，欧洲更像欧洲；在勒班陀海战④中，当萨伏瓦人、热那亚

---

① 宪法爱国主义，20世纪下半叶兴起于德国的政治思潮，主张重新定义"民族"的概念，认为民族是由拥有共同政治价值观的人组成的群体，而不是由拥有共同血缘、语言、文化、历史的人组成的群体。

② 法国教士、编年史作家拉乌尔·格拉贝（985—约1047）曾用"世界仿佛从沉重的过往中解脱出来，披上了一件白色教堂外衣"来形容那个年代的欧洲兴建教堂的盛况。

③ 圣高隆邦（540—615），爱尔兰的主保圣人，因在欧洲许多地方建立修道院而闻名于世。

④ 勒班陀海战，1571年发生在希腊勒班陀附近的海战，交战双方为由威尼斯、西班牙、教皇国组成的天主教联合舰队和奥斯曼帝国的地中海舰队，结果天主教联合舰队获胜，奥斯曼帝国从此渐失其在地中海的海上军事优势。

人、罗马人、威尼斯人和西班牙人在唐·胡安^①的指挥下一同奔赴战场，与奥斯曼帝国的舰队作战的时候，欧洲更像欧洲；在启蒙时期的和平岁月里，当伏尔泰在无忧宫与腓特烈二世^②玩扑克牌的时候，当狄德罗在圣彼得堡拍着叶卡捷琳娜二世^③的肩头时，欧洲更像欧洲；在《车顶上的旅客》^④的年代，当克拉拉·蔡特金^⑤唤起了法国工人的革命意识的时候，当让·饶勒斯^⑥影响了德国社会主义运动的时候，欧洲更像欧洲。1950年，我们的中学里俄语和德语的课时是今天的6倍；当年的法国比当下拥有更多的意大利风

① 唐·胡安（1547—1578），西班牙帝国的将军，勒班陀海战中天主教联合舰队的指挥官。
② 腓特烈二世（1712—1786），普鲁士国王（1740—1786），热爱法国文化，与伏尔泰相交甚密，思想上深受法国启蒙思想影响，任内实行开明专制，改革经济和司法，大力扩充军队，极大提高了普鲁士在欧洲的地位，被尊称为"腓特烈大帝"。
③ 叶卡捷琳娜二世（1729—1796），俄国女皇（1762—1796），与法国启蒙思想家狄德罗相交甚密，任内实行开明专制，治国有方，使俄国成为欧洲的第一强国，被尊称为"叶卡捷琳娜大帝"。
④ 《车顶上的旅客》，法国作家路易·阿拉贡（1897—1982）的《现实世界》系列小说中的一部作品，发表于1942年，其故事情节以1889年至1914年的法国为背景，被誉为那个时代的"编年史"。1889年至1914年的法国与欧洲正处于欣欣向荣的"美好年代"，但国际工人运动也在这一时期出现了新的高潮。
⑤ 克拉拉·蔡特金（1857—1933），德国和国际工人运动活动家，国际社会主义妇女运动领袖，德国共产党创始人之一。1910年哥本哈根第二次国际社会主义妇女代表会议依据其倡议，通过以3月8日为"国际妇女节"的决议。
⑥ 让·饶勒斯（1859—1914），法国社会主义运动活动家，法国社会党领袖之一，历史学家和哲学家，因反对第一次世界大战、军国主义和殖民扩张遭极端民族主义分子暗杀。

情，当年的意大利比当下拥有更多的法国风情。我们越来越关注美国政局的起起伏伏，希拉里·克林顿在竞选活动时的一阵咳嗽都能成为我们电视新闻的头条；可对于罗马尼亚或捷克时局的变化，我们甚至不会给10秒钟的镜头。通信卫星以及我们智识上的懒惰把纽约放到了我们家门口，把华沙放到了大草原里，把莫斯科放到了堪察加半岛上。现如今，优秀的德法公共电视台（Arte）①没有一档莱茵河两岸的思想家、艺术家之间的定期辩论节目，而即使是在两次世界大战之间的那段时期，当斯特拉斯堡-凯尔大桥②被阻断时，莱茵河两岸的思想家和艺术家们还经常组织俱乐部开展讨论。唯一将法德两国精英联系在一起的日报，是美国人办的《国际先驱论坛报》，其编辑部已搬离巴黎另觅他所。欧洲人之间的最后一个中间人溜去了亚洲。

在过去，欧洲的指导思想以及存在理由一直都是反对任何建立大一统王朝的企图与野心。它从竞争中汲取力量，但很奇怪，那么多国家竟能合奏出和谐的曲调。在过去很长一段时间里，翻译就是欧洲的语言，可现在却被一

---

① 德法公共电视台，一家由德国与法国合资建立的公共电视台，创建于1992年，总部位于法国斯特拉斯堡和德国巴登巴登，以推广世界优秀文化与艺术为宗旨。

② 斯特拉斯堡-凯尔大桥，莱茵河上连接斯特拉斯堡和凯尔的公路桥，建成于1897年。第一次世界大战以后，斯特拉斯堡被归还给法国，该大桥成为连接法德边境的桥梁，且因彼时法德关系紧张，桥上交通被阻断。该大桥于1960年改建一新，并被命名为"欧罗巴大桥"，成为法德和解的象征。

门单一语言替代。欧洲理事会主席唐纳德·图斯克先生[①]
用"全球语"与不同的交谈者对话，跟皇帝查理五世[②]相
比，他太不像欧洲人了，要知道后者对上帝讲西班牙语，
对女性讲意大利语，对男人讲法语，对自己的马讲德语。
现如今，在欧盟的30多个机构中，有21个的网站只有英
语版本，而意大利的劳动法甚至直接用英语命名为"Jobs
Act"。在英国脱欧后，欧盟成员国中只有一个小国——爱
尔兰以英语为官方语言，可即便如此，布鲁塞尔的公务员
们仍使用这门世界银行的官方语言进行沟通。这真是滑天
下之大稽。那些为说着叽叽喳喳的鸟语的迦太基将变成扩
大版的瑞士而感到惋惜的人，倒不如把瑞士的联邦制当作
典范——那里的人都能流利地说3种甚至4种欧盟主要成员
国的语言，而这正是每一个欧洲人都应该做的。

　　渴望乃力量之源，希望乃力量之源。我们不会因为一
个事物是好的就去渴望它；相反，正是出于对它的渴望，
我们才会认为它好。在结束了一场灾难性的内战之后，我
们拥有世上最好的理由去渴望一个联邦制的甚至大一统的
欧洲，以至我们在严肃的事实面前闭上了双眼，接受了以
下计划：考虑接纳土耳其（因为它是北约的成员）而不是

---

① 唐纳德·图斯克（1957—　　），波兰政治家，曾任波兰总理（2007—2014）、
　 欧洲理事会主席（2014—2019）。
② 查理五世（1500—1558），神圣罗马帝国皇帝、西班牙国王（1516—1556，称
　 查理一世）。西班牙在他的治理之下达到鼎盛，成为第一代"日不落帝国"。

俄罗斯为欧洲的一员，仿佛陀思妥耶夫斯基、普罗科菲耶夫①、康定斯基②不比礼拜时身体旋转舞动的伊斯兰教托钵僧③更像欧洲人，仿佛欧洲欠高门④的债比欠圣彼得堡的更多。欧洲在几个世纪以来都像一块拼布。它有个不寻常的特征——在那里，共性并不意味着趋同。可只有失去理智且倒手他人理论的经济学家才会在这拼布上强行缝上几块基本几何图形——仿制自大西洋彼岸，像个无用的花瓶。诗人皮埃尔·勒韦迪⑤曾说过："人是现实之车的糟糕驾驶员。"欧洲一体化只是一番出于自我保护的妄想，虽然它的确有其功劳——延迟了痛苦时刻的到来。在那痛苦时刻，我们会发现，事实是悲惨的，国王其实没穿衣服，而昨日的"世界之女王"在今日的世界成了卑微的侍女。我们个人的预期寿命越来越长，集体愿景的寿命却越来越短，此般不幸并非微不足道。两种寿命的错位迫使我们在生前目睹

---

① 谢尔盖·谢尔盖耶维奇·普罗科菲耶夫（1891—1953），苏联著名作曲家，曾获"俄罗斯人民艺术家"称号，代表作有《古典交响曲》等。

② 瓦里西·康定斯基（1866—1944），法国俄裔画家和美术理论家，抽象绘画的先驱，代表作有《带黑色拱形的画面》《梦幻即兴》等。

③ 土耳其的伊斯兰教苏菲派托钵僧（即苦行修士）有在每周五的礼拜中跳圆舞的习俗。该种舞蹈只有一个动作，即身体不间断地旋转，持续时间往往在半个小时以上。

④ 高门，奥斯曼帝国中央政府驻地的大门，位于君士坦丁堡（今伊斯坦布尔），在欧洲各国语言中常被用来指代奥斯曼帝国及其继承者土耳其的中央政府。

⑤ 皮埃尔·勒韦迪（1889—1960），法国超现实主义诗人，代表作有诗集《散文诗》《风之源》等。

青年时期的信仰轰然倒塌——要知道，在启示宗教①时代，信仰幻灭要花上好几代人的时间。在过去的那个时代，人们可以与失望媾和，年复一年地在失望中穿行，就像最早的基督徒那样——期待天国于第二天降临，却又将日期一推再推，延后了一个又一个世纪。

诚然，在这段失败的艰险旅程的开头，没有人能预见中欧和东欧——也就是米兰·昆德拉所说的"被绑架的欧洲"——会在剧变之后变成一个东部的小美国。在那里，情趣商店、麦当劳、重金属音乐很快就取代了书店、小酒馆和爱乐乐团。五角大楼在那里安插了顾问，美国中央情报局也在那里建立了秘密监狱。拉丁文化与日耳曼文化之间、伽利略和开普勒②之间的紧张关系曾让我们获益颇丰，将我们这个半岛化作创造的乐土——这种创造性直到欧盟创始之初（那时的欧盟仍叫欧共体，仅有6个成员国）仍很活跃。可没有人能预见，此种紧张关系会在欧盟扩展到27个成员国时被消解，德国则因此而获益匪浅。就在欧盟从6个成员国扩展到27个成员国的这段时间里，赎罪和救赎迫使德国成为欧洲社会中最美国化的一员（经济至上、美式

---

① 启示宗教，与启蒙运动时期产生的"自然宗教"概念相对，指自称其教义来自上帝"启示"的宗教，信仰上帝直接向人"显示"的"启示真理"，而非通过人的理性探求获得的"理性真理"。

② 约翰内斯·开普勒（1571—1630），德国天文学家、物理学家、数学家，发现行星沿椭圆轨道运动，提出了行星运动三定律。

城市规划、联邦制、法官统治等）。德国的国防安全完全仰仗山姆大叔。为了不让它的监护人受到伤害，德国联邦议院拒绝了《爱丽舍条约》①，由此暗中破坏了戴高乐1963年提出的"欧洲人的欧洲"计划（这个计划以把欧洲发展为举足轻重且独立自强的实体为己任）。所有鸟类的历史都将由猫来终结，这也许是一条真理，但这并不意味着针对政治专制的防御反射必定会在30年后演变为一种经济专制，就好像对斯大林说"不"并不意味着对米尔顿·弗里德曼②说"是"。世界不是这样的。经历过战争的那一代人，如布痕瓦尔德集中营和达豪集中营的幸存者、自由法国运动和抵抗运动的参与者，那时候的他们对这项美好计划充满信心，丝毫没有考虑过会出现此种骤变。

仅仅依靠制度性安排就能创造一个有血有肉的民族，这一观念就这样寿终正寝。留下一项没有激情的事业，而"没有激情就做不成大事"（黑格尔语）。这项事业就像一个每月都要上发条的孔雀报时钟③——人们只是出于习

---

① 《爱丽舍条约》，时任法国总统戴高乐和联邦德国总理阿登纳于1963年1月在巴黎爱丽舍宫签署的法德合作条约，两国由此实现战后全面和解，欧洲一体化的"法德轴心"由此建立。

② 米尔顿·弗里德曼（1912—2006），美国经济学家，现代货币主义学派创始人和主要代表，1976年获诺贝尔经济学奖，认为自由放任的资本主义是最理想的经济制度。

③ 孔雀报时钟，俄罗斯圣彼得堡冬宫博物馆的镇馆之宝，由英国工匠库克斯打造，俄国公爵波将金将其作为礼物送给女王叶卡捷琳娜二世。该钟的主体部分为一只金孔雀，金孔雀在整点时刻会开屏报时。

惯而将其作为要事对待，而它实际上已丧失了重要性。统一的欧洲防务只是一个骗局，而且一切都表明，此种状态还将持续下去，因为"对战争的厌恶一直萦绕在这个垂老民族的心头"（艾黎·福尔语）；统一的欧洲外交因为缺少强力手段而沦为一场宣言式哑剧，只对内部起作用，无法在国际舞台上产生任何显著的影响。对外行动署为欧盟这一交响乐队谱写了曲子，却苦于没有乐器来演奏它。至于欧洲议会，它不是全体欧洲人民的代表，也没有立法创议权，就是一种拙劣的模仿而已（法兰西共和国加来海峡省的一个议员代表的不是它的选区，而是全体法国人民）。就让那些好好先生在这些有失体面的闹剧上大做文章吧——不断深入讨论救援方案和修复计划，用以证明那些聊以慰藉的痴心妄想依然对我们有着重要影响。而我们能做的只有祈祷。祈祷我们这些欧洲人能够幡然醒悟，不要在事后方觉为时已晚；祈祷源自后悲剧时代的欧洲一体化不会成为下一场悲剧的前奏；祈祷这一超民族语词不会引发"飞去来器效应"①，崩塌为一个个各自为政的极端民族主义势力。

　　人们本可以期待主角们表现得更为英勇。可主角们只想坐享"和平的红利"，不愿为战争出一丁点儿力（经

---

① 飞去来器效应，心理学概念，指行为结果与预期目标完全相反，常用来比喻适得其反的效果。

济的、文化的、法律的、军事的）。他们苦苦哀求保护者
的庇护，尊严尽失。来自华盛顿的赞助者不乐意为这一集
体不作为买单，这一点儿也不奇怪。有些人希望——希望
乃生命之源——老板的不情愿会促使当事者最终表现得
像个成年人，并将命运掌握在自己手里。可眼下，"旋转
门"①已然成为布鲁塞尔舞台上的例行演出。我们时常可以
看见：某位欧洲理事会主席退隐于幕布之后，然后又改换
为雷曼兄弟公司职员的角色，重新上场；某位欧盟委员会
委员卸任后成为巴哈马群岛一家公司的董事；另一位欧盟
委员会委员则成了避税领域的资深专家。对此，我们不必
太过惊讶。毕竟，商界与政界相融合，游说团体和各委员
会相融合，这是公开于台面上的事实，是欧盟体制的一部
分。这里面当然没有任何令人尊敬的东西，可正如夏多布
里昂所说："有的时候，人们应当吝惜自己的鄙夷，因为
可鄙之事实在是太多了。"不要听这位子爵的话，一个斯
多亚主义②者是不会鄙夷任何事或人的。

我们无论如何都无法排除以下可能：将来的某一天，

---

① 旋转门，西方资本主义国家的一种政治机制，即个人在公共部门与私人企
业之间双向流通，为利益集团牟取利益。此种机制使政商勾结的腐败现
象得以在西方资本主义国家合法化。

② 斯多亚主义，又称"画廊学派"，古希腊罗马哲学流派，因讲学场所称"斯
多亚"（stoa，意译"画廊"）而得名，公元前300年左右由芝诺创立于雅
典，后成为罗马帝国的官方哲学，对基督教有很大影响，宣扬宿命论、神秘
主义、禁欲主义。

我们的后代会将"欧盟时代"视作欧洲自我毁灭的第二阶段。欧洲自我毁灭的第一阶段是第二次世界大战，彼时受到打击的是身体；进入第二阶段以后，受到打击的则是精神（两个阶段中都有人发起曲线救国行动，极具讽刺意味，让人甚觉悲哀）。眼睛如鹰一般锐利的瓦莱里则遵守年代顺序，他认为精神错乱在前，身体衰弱在后。

战略思想家托马斯·巴内特①曾在美国海军战争学院任教，后进入五角大楼工作。他最近敦促美国不要因为在伊拉克战败而气馁，而应续写其成就，继续在全球范围内投射其DNA——"现代全球化的源代码"，即美式经济模式。美国的DNA可以通过"多米诺骨牌效应"进行自我复制，由一国的中产阶级蔓延至另一国的中产阶级——日本、印度、中国、韩国，还有不久后的非洲（美国已在该大陆50个国家②中的49个部署有军队）也许都不能幸免。巴内特明确表示："从今往后，美国是否领导世界已不再重要。重要的是，要让全世界都变成美国。"我们的这位战略思想家可以对旧大陆感到放心，而西蒙娜·薇依也可以在她的坟墓深处微笑了——后者在道德与精神结构方面的愿景将由前者代以实现。

---

① 托马斯·巴内特（1962—　　），美国当代战略思想家，著有《大视野大战略》《五角大楼的新地图》等。

② 作者在此处的表述有误。非洲共有54个独立的主权国家，其中48个位于非洲大陆，6个分布于大西洋和印度洋中。

第六章
新罗马帝国有何新意？

纵观历史，帝国交替更迭。与大众的认知相反，不同帝国之间的相似性其实不止一星半点。然而，美国这台持续输出影响力的打印机依靠领先于人的科学技术，更新了先人的霸权传统。它从上游把控标准与形式，在经济影响力体系中增添了社会和文化烙印，以至于能用后者替代前者。这是美国化的独特之处，也是我们难以从中逃脱的原因。

帝　国

马克思在《路易·波拿巴的雾月十八日》①（1852年初版于纽约）中给我们留下了一段被频繁引用的金句："黑格尔在某个地方说过，一切伟大的世界历史事变和人物，可以说都出现两次。他忘记补充一点：第一次是作为悲剧出现，第二次是作为笑剧出现。"②但这段话只是针对拿破仑三世而言的。很多时候，后人也可以比前人做得更好。拿破仑三世的确是他叔叔③的笑剧翻版，但列宁可不是布朗基④的翻版，苏联模式的共产主义也不是北方布夫剧

① 《路易·波拿巴的雾月十八日》，马克思写于1851年12月—1852年3月的伟大著作，1852年发表于纽约的德文杂志《革命》，以历史唯物主义的观点评述了二月革命至路易·波拿巴政变时期的法国政局，总结了1848—1851年法国阶级斗争的经验，发展了马克思主义的国家学说。路易·波拿巴（1808—1873），即拿破仑三世，法兰西第二帝国皇帝（1852—1870），拿破仑一世之侄，1848年12月当选第二共和国总统，1851年12月发动军事政变，实行独裁，次年12月称帝，建立法兰西第二帝国。

② 马克思. 路易·波拿巴的雾月十八日 [M] //马克思, 恩格斯. 马克思恩格斯文集：第2卷. 北京：人民出版社, 2009: 470.

③ 指拿破仑一世，即人们通常所说的"拿破仑"。

④ 路易·奥古斯特·布朗基（1805—1881），法国革命家，空想社会主义者，主张通过少数人的秘密行动进行革命，推翻资产阶级统治，实行少数人的革命专政，以摆脱资本主义制度。

院①版的巴黎公社。同样道理，美利坚帝国不是由罗马帝国上下叠放而制成的胶合板，而是罗马帝国的二次方。

美国是罗马的后裔。我们在此重提这种陈词滥调，这并没有什么不妥，毕竟美国自诞生之日起就这样自我宣称。美国和罗马都实行共和制②，在君主制的世界里显得独一无二，而且都实行奴隶制，大家自然会拿两者进行比较。美国人模仿罗马人，在首都的国会山上建立起国会大厦③，设立参议院④，将秃鹰⑤（实为白头海雕）的形象刻在国徽上，在美元上印上维吉尔的半句诗"Novus ordo saeclorum"（时代新秩序），并将拉丁文"E pluribus unum"（合众为一）作为国家的格言。如果把这种直系亲属关系看成纯粹的修辞，那就错了。杰弗逊总统在1813年写道："我们这个纯粹、正直、具有公民意识、采用联邦

① 北方布夫剧院，一家初建于1876年的剧院，坐落于巴黎北部工人阶级聚集的贫困街区。此处喻指苏联的地理位置。

② 罗马虽于公元前27年因屋大维建立元首制而进入帝国时代，但元老院在帝国初期依然保有一定权力，罗马在名义上依然实行共和制。直到公元284年戴克里先上台以后，罗马帝国才完成从共和制到君主制的过渡。

③ 美国将国会大厦建于首都华盛顿的一座丘陵之上，并称之为"Capitol"。这一做法模仿自罗马的卡皮托利诺山（Capitolium）。卡皮托利诺山是罗马七丘中最高的一座，位于罗马市中心，是罗马建城之初的政治和宗教中心，古罗马时期曾建有朱庇特神庙等重要建筑。

④ 美国国会参议院在英语中称为"Senate"，该词源自古罗马元老院的拉丁文名称"Senatus"。

⑤ 鹰是罗马军团的象征。

制的共和国，必将永存。它将统治世界，并开启人类的完美时代。"（永存，或许不可能。依据约定俗成的年代划分方法，第一罗马帝国分为上罗马帝国和下罗马帝国①两个时期。前者起始于奥古斯都时代，终结于安敦尼努王朝②；后者起始于戴克里先③时代，终结于罗慕路斯二世④时期。这样算来，第一罗马帝国前后横跨了4个世纪。而其仿效者，如果以1918年作为它的起点，才刚进入第二个百年——年头还太短，但对一个新版本来说，开局不错。）

雅典选择了猫头鹰而不是鹰，显得缺乏野心且不够恰当。雅典于公元前5世纪建立的提洛同盟⑤虽然看起来可怕，在战争中却没能撑过30年，伯罗奔尼撒半岛成了袖珍剧院。对于一个集科技、金融、法律、军事和文化五项霸权于一身的国家来说，在人迹可至的范围内（目前指的是地球，

---

① 法国传统史学将罗马帝国划分为上罗马帝国（Haut-Empire）和下罗马帝国（Bas-Empire）两个时期。上罗马帝国是罗马帝国走向鼎盛的时期，下罗马帝国是罗马帝国走向衰落的时期。

② 安敦尼努王朝，罗马帝国的第三个王朝，帝国的鼎盛时代，其间帝位不传子嗣或近亲，其五位皇帝（涅尔瓦、图拉真、哈德良、安敦尼、安敦尼努、马可·奥勒留）被称为罗马五贤帝。

③ 戴克里先（约245—313），古罗马皇帝（284—305），任内建立了四帝共治制和君主专制，结束了三世纪危机。

④ 罗慕路斯二世（约461—？），西罗马帝国的末代皇帝（475—476）。

⑤ 提洛同盟，古希腊以雅典为首的部分城邦结成的同盟，建立于公元前478年，起初是为了在希波战争中抵抗波斯侵略，但后来沦为雅典对抗斯巴达和推行海上霸权的工具。公元前431至公元前404年的伯罗奔尼撒战争中，雅典败于斯巴达，同盟被迫解散。

或者也可以扩大到太阳系），唯一可以借鉴的先例显然只有罗马帝国。雅典偏爱土著居民，不信任外邦人，将居住在雅典的外邦人边缘化，也不让战败者融入。但罗马做到了，美国也做到了，因此获得了无与伦比的成功。美国式的爱国主义和罗马式的爱国主义相类似，懂得如何团结大多数人，而不是奉行排他主义。

作为业余爱好者，让我们来做些烘托氛围的记录吧！就从这个不愿说出自己名字的帝国①开始说起。严格来说，"帝国"这个词并不适用于美国，因为它不再吞并领土，也不再长期占领别的国家。入侵得克萨斯（美国侵占得克萨斯后立即恢复了被墨西哥废除的奴隶制），抢占夏威夷、关岛、菲律宾，占领古巴和波多黎各，这些都已成为过去。称美国为"帝制共和国"（république impériale）应该更为恰当。当年的罗马超级帝国便是如此，在最初的几个世纪里保留了共和国的架构和共和制下的各种官职头衔。恺撒和屋大维拒绝了皇帝的称号，只任命自己为军队的最高统帅②，第一个披上皇帝紫袍的是后来的图拉真。拿破仑一世也将两种制度混合在一起——1804年的元老院法令滑稽地宣布："将共和国的统治权委

---

① 美国人习惯用"the United States"（合众国）而不是"the United States of America"（美利坚合众国）来称呼自己的国家。
② 古罗马皇帝在拉丁语中叫"imperator"，其本义为"军队最高统帅"。

托给一位皇帝。"

　　"盛衰"是每位自尊的道德家都会涉及的一类题材。但孟德斯鸠①和我们之间横亘着一道过去常说的"认识论障碍"②。不喜欢机械技术且相较于历史而言更喜欢（结局美满的）传说的马尔罗认为："美国是第一个没有刻意追求却成为世界第一大国的国家。"首先，他记数有误——美国只能算是第二个，罗马帝国才是第一个。其次，一切货真价实的"帝权"（imperium）的运作依靠的都是权力的微分，而不是一套统一的官方项目。它不是一套规划，而是一套齿轮传动系统。在这套系统的驱动下，人们从不后退。他们奋不顾身地向前，紧急应对一个个未知的挑战。帝国通过主动出击来预防潜在的威胁。为此，它必须保卫海洋航行自由、保障补给线、开拓市场、制裁抗拒者。商权（emporium）在前，帝权在后，两者捆绑在一起，跌跌撞撞地前行——只有掌控了经济，才能支配政治。战争能极大地刺激生产（并解决失业问题），而内部的产品一旦过剩又需要向外输出。正如美国海军少将和战略思想家阿

①　孟德斯鸠（1689—1755），法国启蒙思想家、法学家，法兰西学术院院士，提出了三权分立学说，代表作有《罗马盛衰原因论》《波斯人的信札》《论法的精神》等。
②　认识论障碍，法国哲学家加斯东·巴什拉（1884—1962）在其著作《科学精神的形成》中提出的概念。巴什拉认为，人在认识世界的过程中最大的障碍并非来自外部，而是内在的精神惰性。

尔弗雷德·马汉①自1890年起就主张的那样，帝国需要一支强大的海军来保卫它的市场，为此，需要在世界各地建立战略基地，并组建一支海军陆战队。帝国崛起的背后没有精心设计、有序实施的整体计划。只有电影《大独裁者》里的卓别林才会用混凝纸做的地球模型做周密的规划。期待"国祚千年"的第三帝国②只存在了10年左右，拿破仑帝国的存续时间勉强是它的两倍。狂徒虽拥有强烈的意志，却总是事与愿违，无果而终。如果说历史给我们留下了什么教训，那么首先是让我们知道了赢得好感比惹人厌恶收益更大。因此，掠夺者的首要任务是成为一个善良的撒马利亚人，无论是在自己还是别人的眼里。为什么不能为"正常"的强权行为——此处所说的"正常"与"过分"是同义词，因为强权行为通常都很过分——开脱呢？要知道，没有一个强权能够不做坏事。我们应该当一个称职的律师："我的客户的确行为不端，但这不是他的错，他也不想做坏事。"哪个时代没有一个"霸主"来管理和领导其他国家？而在这些曾经的领头者中，不管是不是实行或曾经实行过民主制，又有哪个没有犯过战争罪，没有施过虐，没有进

---

① 阿尔弗雷德·马汉（1840—1914），美国军事理论家、军事历史学家，海权论的创始人，认为制海权对主宰国家乃至世界命运有决定性作用，代表作有《海权对历史的影响，1660—1783》《海军战略》等。
② 第三帝国，即纳粹德国。

行过大屠杀？苏美尔吗？巴比伦吗？法老时代的埃及吗？路易十四时期的法国吗？威廉二世治下的德国吗？维多利亚时代的英国吗？拥趸抹去自己眼中的胜利者的罪行，就像反对者会忽略它所做的好事而将之妖魔化——这两类人实际上是半斤八两。无论是律师还是检察官，他们都做着体面的工作（尽管获得的报酬不平等），但那些热衷于揭露霸权背后的统治逻辑的人必须被逐出救世军。世上没有道德奖。况且，所有或几乎所有的蛮族都希望成为罗马人，这并不是罗马的错。同样道理，众多异族人都梦想有一天能变成美国人，那也不是美国的错。虽然管道会因流量过大而堵塞，然而，没有哪堵墙能够阻挡受希望和饥饿驱使的人流。Hope dies last（希望不灭）。

将美国与罗马进行类比，就好似一场狂欢，不管人们如何贬低与抗拒它，都很难不被它吸引，很快就会陷入其中。首先，在罗马和美国的帝国体系中，语言都发挥着重要作用。罗马的上层语言是拉丁语，它直到中世纪都是精英们的共同基石，拉丁语的下面则是混杂了拉丁语的各民族语；同样道理，美国的语言是英语，它是如今全球精英的共同基石。其次，两者都把对法律的崇拜用作一种卓越的工具。最后，无论是在罗马还是在美国，宗教虔信都无处不在。罗马是信仰的国度——在维吉尔笔下，超自然力量在埃涅阿斯的盾牌上刻下罗马的使命。

而美国的艾森豪威尔总统（他自己信仰的是长老会派基
督教）则说过："我们的政府形式应当建立在虔诚的信
仰之上，否则它将毫无意义。至于是哪种信仰，我一点
儿也不在乎。"美国将确保人类的幸福当作上帝托付给
它的使命。罗马的使命则由朱庇特托付："我不想为罗
马人设定边界与限制，我给他们的是一个无垠的帝国。"
（《埃涅阿斯纪》，第1卷，第275行）他又说："罗马
人，你要记得用权力领导你的人民。这将是你的艺术。要
记得给和平订下这样的规则：用宽恕之心对待顺从者，用
强硬手段对待傲慢者。"（《埃涅阿斯纪》，第6卷，第
850行）美国的"天命论"也同样溢出了它的边界。林肯于
1863年将美国称为"人类至高且至善的希望之土"，威尔
逊也于1917年声称："美国的原则就是人类的原则，因此
它必将获胜。"由此产生了两项既相反又相成的天命——
例外主义和普世主义。为了待在自己的岛上，以此与外人
相区分，它既需要"美国优先"原则，又需要与外界分享
自己的卓越成就和价值观。这是义务与利益间的冲突，是
快速循环型双相情感障碍，是心脏的收缩与舒张，是弥赛
亚干预主义阶段（通常由驴党，即民主党执政）与孤立主
义退缩阶段（通常由象党，即共和党执政）的交替出现。
美国取得卓越成就的领域往往弥漫着经验主义和实用主义，
其中包括城市规划、建筑学、工程学等。罗马亦是如此：升

降机、引水渠、圆形剧场、马具（不包括马镫，那是蛮族的一项重要发明）、火坑供暖系统（一种中央供暖系统）。在罗马和美国，人们喜欢强壮者而非思辨家，喜欢实干者而非哲学家，喜欢硬汉而非精致脆弱之人。罗马和美国都拥有了不起的军事机器，用来改造和融合异族人；都对退伍老兵抱有崇高的敬意；都相信"胜者为王"（vae victis）①，败者和输家活该倒霉。显然，罗马和美国都拥有能够吸引各种各样的民族、信仰和人才的海绵般的城市——前者吸纳的是非洲人和伊利里亚人，后者吸纳的是说西班牙语的人和亚洲人。罗马和美国的家族王朝都有着父传子或兄传弟的关系。父传子在罗马有韦斯巴芗②和提图斯③、马可·奥勒留和康茂德④，在美国有老布什和小布什；兄传弟在罗马有图密善⑤和提图斯，在美国有约翰·肯尼迪和罗伯特·肯

---

① 胜者为王，拉丁语名言。公元前390年，高卢首领布伦努斯率领族人攻占罗马城，并要求罗马人献出大量黄金来赎回罗马城。在称量黄金时，罗马人发现高卢人在秤上做了手脚，于是向布伦努斯抗议，布伦努斯以"胜者为王"回应罗马人，表示败者理当听任胜者的支配。

② 韦斯巴芗（9—79），古罗马皇帝（69—79），弗拉维王朝创立者，在位时加强集权统治，并兴建罗马大斗兽场、凯旋门等。

③ 提图斯（39—81），韦斯巴芗之子，古罗马皇帝（79—81），弗拉维王朝的第二位皇帝，任内体恤人民，受人民爱戴。

④ 康茂德（161—192），马可·奥勒留之子，古罗马皇帝（180—192），暴君，罗马帝国在他治下开始走向衰落。

⑤ 图密善（51—96），提图斯之弟，韦斯巴芗之子，古罗马皇帝（81—96），刚愎多疑，任内压制元老院、扩大公民权和行省城市自治权，大举对外扩张，穷兵黩武，最后死于宫廷政变，弗拉维王朝就此告终。

尼迪。这两个国家在历史上都曾有四分之一个世纪的时间由两大权贵家庭掌舵。当然，人们只关心"面包和马戏"（panem et circenses）①。第一罗马更关心人民的口粮，通过赈济粮（annone）让所有人都能吃上面包，在社会保障方面做得比美国更好。

两者的领头人也颇为相似。

基辛格曾对哈佛大学的学生说："当你们和里根相处30分钟之后，你们会对自己说：'天啊，自由世界竟掌握在这样一个家伙的手里。'"然后他补充道："但他的决定总是正确的。"美国的天命就这样在一些粗鲁之人和应届毕业生手中得以实现。查理大帝一生都未曾学会写字，但他在统治期间重新振兴了西方的人文研究。得克萨斯州的选举活动可能会让法国克勒兹省补缺选举的候选人情绪激动，该州那些新当选者的品格、责任心时常让我们瞠目结舌。那些因看到粗俗者和作秀者入主白宫而感到吃惊的人，我建议他们重温一下古罗马的历史。事实上，屋大维、哈德良和马可·奥勒留，他们跟罗斯福、肯尼迪和奥巴马一样，都是例外。康茂德是个热衷健美运动的小丑，埃拉伽巴路斯②穿着女装治国。唯一的区别在于，入住白宫

---

① 语出古罗马讽刺诗人尤维纳利斯（约60—约140），指当权者用来转移和分散民众注意力的小恩小惠。

② 埃拉伽巴路斯（约203—222），古罗马皇帝（218—222），著名的美少年，爱着女装，与多名女性及男性有染，生活荒淫无度。

的是种花生的农民或真人秀中的明星，披上罗马皇帝紫袍的则是舞者、马车夫和理发师。卡拉卡拉①是个疯子，但他提出将罗马公民资格扩展到帝国所有自由人（212年），这一主张是极为明智的。掌舵者与我们一样，皆为肉体凡胎，他们又怎能逃脱支配着所有人的三大诱惑——淫欲、贪婪和虚荣？卡皮托利诺山和国会山上的愚蠢闹剧从未阻止帝国实现其战争目标。

被征服者和征服者之间的礼貌交流并非毫无相互回应。在教养良好的希腊人看来，罗马人是没怎么受过教育的粗鄙之人，是容易受骗的大孩子，是勇敢的战士，是优秀但庸俗、说着粗鄙之语的管理者。反过来，在罗马人看来，希腊人看起来像一个不太可靠、引人注目但胆小的懦弱者，就像如今美国人眼中的法国佬形象——在小侯爵②与投降的猴子③之间摇摆，在精选品（就像美国人认知中所谓的"奢华"的凯迪拉克汽车）及精致语言（就像从前罗马人眼中的希腊语）与吹毛求疵之间徘徊。马可·奥勒留用柏拉图的语言记私人日记，罗马人在希腊

---

① 卡拉卡拉（186—217），本名安敦尼努斯，古罗马皇帝（211—217），任内颁布《卡拉卡拉敕令》，规定除降人（dediticii）和奴隶外，予帝国境内全体自由居民以罗马公民权。
② 小侯爵，指娇揉造作、放肆无礼、附庸风雅之人。
③ 投降的猴子，美国人对法国人的蔑称，用以讽刺他们常常不战而降。

式画廊中讨论斯多亚主义、"希腊理论"、爱比克泰德[1]和米南德[2]，其热情与美国人在大学校园里讨论德里达[3]、福柯及其"法国理论"如出一辙。古罗马家族子弟会到阿提卡[4]游历，参观那里的学校和博物馆，就像他们的当代继承人手拿导游手册，去佛罗伦萨、威斯敏斯特或凡尔赛寻找他们的史前史。然而，当权者害怕柔弱气质。依据法律规定，罗马元老院成员只能用拉丁语和希腊人交谈。拉丁语在很长一段时间内一直是帝国的官方语言，直到查士丁尼[5]当政之后才被希腊语取代。但这丝毫不妨碍罗马帝国在其最成熟的时期培育出一种高端的拉丁-希腊混合语——玛格丽特·尤瑟纳尔[6]在她的小说《哈德良回忆录》里让我们领略了一番此种精致与粗犷的奇妙混合。白宫最初通行的是哪种语言，似乎已无从知晓。人们也不知道以前的美国总统是否会用法语、德语或西班牙语来撰写

---

[1] 爱比克泰德（约50—约138），古罗马哲学家，晚期斯多亚学派的代表人物。

[2] 米南德（约前342—前291），古希腊新喜剧作家，作品多以爱情故事和家庭生活为题材，侧重描写人物心理，语言接近口语，对欧洲喜剧尤其是风俗喜剧有一定影响。

[3] 雅克·德里达（1930—2004），法国哲学家，解构主义代表之一，代表作有《论文字学》《声音与现象》等。

[4] 阿提卡，古希腊雅典城邦所在的区域。

[5] 查士丁尼（483—565），东罗马帝国皇帝（527—565），曾征服汪达尔王国和东哥特王国，编纂《查士丁尼法典》等罗马帝国法律，建造圣索菲亚大教堂。

[6] 玛格丽特·尤瑟纳尔（1903—1987），法国作家，法兰西学术院的第一位女院士，著有《哈德良回忆录》《苦炼》等。

回忆录。

让我们继续往下深究。上帝据说能用弯曲的线条写出笔直的字，美国则用直线画出了自己的曲线。美国人和罗马人都有"罗马脚"[1]。美国喜欢直角，它的城市都是正交的，道路都是笔直的，其心灵也非黑即白。它要求自己必须勾勒出清晰的界线，因此不管是在物理上还是在道德上，都有一堵堵墙。适合美国的是二元对立，而不是细腻的浓淡差异、错综复杂的迷宫或富有层次感的明暗变化，后者是古希腊人和欧洲人固有的东西。生活在群岛上的古希腊人尤其缺乏界限感，即没有一个清晰的分界，正如现在的欧洲缺乏一层外质[2]。翁贝托·埃科[3]正是出于一种对清晰、明确的定义的渴望，从边界（包括空间边界、时间边界、语法边界、政治边界四个方面）的观点出发，准确地定位了拉丁民族原型的组织核心。根据传说，罗马城是在一条不可侵犯的边界线内建造起来的（罗慕路斯与雷穆斯[4]）。而在建城千年以后，它的毁灭也源于其边境的逐

---

[1] 罗马脚，也称"方形脚"，因5根脚趾长度都差不多，看起来像正方形一样。

[2] 外质，生物学术语，原生动物细胞质中靠近表膜的一层。

[3] 翁贝托·埃科（1932—2016），意大利小说家、符号学家，代表作有《玫瑰的名字》等。

[4] 罗慕路斯和雷穆斯是罗马神话中的一对双生子，罗马城的奠基人。两兄弟最初为建城位置产生争执和矛盾。罗慕路斯画了一道边界并赌誓说要杀死任何试图跨过边界的人。弟弟雷穆斯不听劝告跨过了兄长设立的边界，最终被兄长杀死，罗马城最后也以兄长的名字命名。

步消失。埃科写道："当那一天来临，当清晰的边界概念不再，当蛮族（一群游牧民族，抛弃自己原先的土地，可以在任何一块土地上繁衍生息，仿佛那土地是自己的，同时又随时准备遗弃这块土地）成功地将其游牧民族视角强加于罗马，罗马也将就此走向末日。帝国一旦到了那个时候，其首都就可以定在任何一个地方，这也就意味着它不再拥有首都。一个没有中心和外围之分的帝国不再是一个帝国。罗马是个中心，它的外围区域由它确定，而一旦没有了这个中心，外围也就变得不再确定。"所谓的欧盟的子民还在寻找阿里阿德涅之线①和轮廓，似乎也遭受着类似的不确定性的困扰。

罗马与美国这一对帝国最让人震惊的是，它们拥有一台拥抱机器，即一座熔炉。这正是希腊人所极度欠缺的。塔西佗②对此看得十分清楚："斯巴达和雅典虽然善战，最终却万劫不复。导致它们毁灭的，除了他们固执地排斥战败者和外邦人之外，还有别的原因吗？"（《编年史》，第11卷，第23—25段）在这一点上，罗马可以为其继任者

---

① 阿里阿德涅之线，源于古希腊神话。相传雅典王子忒修斯意图勇闯克里特岛的米诺斯迷宫，杀死吃人的牛头人身怪物米诺陶斯以为民除害，倾慕忒修斯的克里特公主阿里阿德涅给了他一个线团，忒修斯一边前进一边放线以标记路线，最终在杀死米诺陶斯后成功从迷宫中逃出。现用来比喻解决复杂问题的方法与线索。

② 塔西佗（约55—约120），古罗马历史学家，代表作有《编年史》和《历史》。

提供经验教训。美国的总统必须出生在美国，而罗马皇帝的出生地可以是高卢、西班牙或叙利亚。公元1世纪，高卢的埃杜维人①获得了进入元老院的权利。允许与别国有渊源的"桥梁公民"的存在，这是民族文化不敢做的，只有帝国文明才允许这样的事情发生。于是有了高卢裔罗马人、华裔美国人、意大利裔美国人。这是一项双赢的举措，建立起的是一种双向的依赖关系。文学界非常欢迎并十分重视塞涅卡②、卢卡努斯③、昆提利安④、马提亚尔⑤等外国作家的到来。慷慨必有其回报。对罗马性（romanité）最美的爱情宣言和效忠声明皆源自西班牙人、柏柏尔人、犹太人、高卢人（如今法国最好的政论作者也可与波里比阿⑥和弗拉维奥·约瑟夫斯⑦相媲美）。在尊重当地（不管是凯尔特的还是希腊的）公民架构的前提下，罗马的贵族王朝

① 埃杜维人，高卢中部的一支部落，公元前121年起受到罗马支持，后在奥古斯都时代与罗马结成同盟。

② 塞涅卡（约前4—后65），古罗马哲学家、戏剧家，出生于西班牙，晚期斯多亚学派主要代表之一，强调宿命论、宗教神秘主义和禁欲主义，代表作有《幸福的生活》《论神意》等。

③ 卢卡努斯（39—65），古罗马诗人，出生于西班牙，代表作有《法沙利亚》。

④ 昆提利安（约35—约96），古罗马修辞学家、教育家，出生于西班牙，代表作有《雄辩术原理》等。

⑤ 马提亚尔（约40—约104），古罗马诗人，出生于西班牙，代表作有《隽语》等。

⑥ 波里比阿（约前200—前118），古希腊历史学家，第三次马其顿战争失败后入质罗马，著有《通史》（40卷）。

⑦ 弗拉维奥·约瑟夫斯（37—约100），犹太历史学家，曾担任犹太军官，被俘后进入罗马军队服役，著有《犹太古史》《犹太战争》等。

懂得如何与异国的贵族联姻，把客人变为亲属。今日的西方帝国①也是这么做的，尽管与罗马相比，力度很轻。在过去，人们在自己的小祖国（故土）之外还有一个大祖国（罗马）。同样道理，现在的全球精英分子在自己的小祖国（自己的民族）之外也有美国这么一个大祖国。在欧洲和世界其他角落，双重认同感已变得再平常不过了。在巴黎郊区富人云集的布洛涅-比扬古市和塞纳河畔讷伊市，持有两本护照已是常态。"西方大家庭"的新晋成员往往是其中最忠诚的。昔日高卢的埃杜维人对宗主国百依百顺，竟义正词严地谴责那些为维护高卢独立而奋战的高卢人，指责他们的行径是在反对罗马帝国（这种语调听起来很熟悉）。

阿维尔尼和阿洛布罗基②的显贵虽丢掉了主权，但穿托加③对他们而言是一种补偿，因为这不仅增加了他们与罗马上流社会接触的机会，也向他们提供了许多荣誉职位与勋位，以及光明的前途。无须强迫，他们就会对为他们带来了和平、道路、邮政服务和更好的卫生条件（体育场、浴场和自来水）的帝国感恩戴德。我们怎会理解不了鲁提利乌斯·纳马提安努斯④的悲哀呢？这个4世纪的高卢裔罗

---

① 指美国。
② 阿维尔尼和阿洛布罗基都是被罗马征服的高卢部落。
③ 托加，古罗马人穿的宽外袍。
④ 鲁提利乌斯·纳马提安努斯（约370—约417），古罗马诗人，因写了一首关于从罗马返回高卢的挽歌《归途记事》而闻名。

马人,他原本将家安在这个世界级城市,却在这座永恒之城被洗劫一空(410年)后被迫离开,重归自己出生的村镇。"我们歌唱你,只要命运之神欢喜,我们将一直歌唱你。没人能够将你忘记。如果我们失去对你应有的敬意,那就像太阳被卑鄙地遗忘。因为在你的光芒触及的任何地方,你广施善行,直达海洋用波浪环抱土地的边界……利比亚火热的沙漠无法阻挡你的行进。虽有冰雪护卫,东北部的日耳曼地区也无法令你后退。生机勃勃的大自然延展得多么远啊,从一极到另一极,就像你的美德无限。你给了不同的民族一个共同的祖国,它们曾抵抗你,却因你的统治变得更好。你让战败者共享你的律法,让世界变成了一座城池。你的正义之战带来的并不是傲慢的和平。只要是你统治,你就值得统治更多的地方。你的功勋盖过世上最大的壮举。"不知道几个世纪后——至少要到我们这个千年结束后,谢天谢地——曼哈顿的壮丽废墟会不会从一个入籍已久的欧裔美国人那里,听到如此抒情又令人信服的感恩颂歌?

　　如上所述,罗马与美国的共通之处颇多。那么,后者与前者相比到底有何"额外优势"?首先,地理位置优越,处于理想的经度上——它在两个大洋的中心线和垂直平分线上,是大西洋和太平洋之间的秤杆。从制海权的角度而言,它比英国的位置更加有利。它是我们的中心岛屿,是为天堂之福而保留、保护的土地，实际上比当年的世界首都罗马更能防御外族的入侵（但来自空中的打击在意料之外）。在这里，不会有布伦努斯，不会有趁着夜色入侵并惊醒卡皮托利诺山上的鹅的高卢部落，也不会有操纵大象践踏圣地的汉尼拔；在这里，可以打击别人却不会被人打击到；在这里，士兵可以从阿肯色州腹地派遣一架武装无人机到6000公里之外作战，然后回家和孩子们一起吃午餐。其次，美国的"额外优势"还在于其擅长对他者进行反复的思想灌输，这是一项比地理位置更为重要的因素。在目前的情况下，美国完全不需要通过武力来制服对手，罗马帝国则习惯于用武力打击距它或远或近的外族人，让亦农亦兵的公民去新获得的领土上殖民，然后强制推行自己的习俗文化。"迦太基必须毁灭。"（Carthago delenda est）①此后，迦太基变成了瓦砾，布匿②被并为罗马的一个行省。意大利的殖民者蜂拥而至，其中主要包括退伍老兵和在罗马不受欢迎的人。他们按照罗马的模式对布匿进行再城市化，建立起引水渠、浴场、圆形剧场、祭坛。但对于那个"不可或缺的国家"③来说，

---

① 古罗马政治家马尔库斯·波尔基乌斯·加图（前234—前149）在演讲中常用的结束语。因为在前两次的布匿战争中，迦太基给罗马带来了屈辱，此句话暗含了罗马复仇的意志。
② 布匿，罗马对迦太基的称呼。
③ 指美国，语出美国前国务卿马德琳·奥尔布赖特（1937—2022）。她在任职期间（1997—2001）常用"美国是不可或缺的国家"来为美国的战争与霸权主义行径辩护。

军事占领绝不是必要条件。警长有左轮手枪，西奥多·罗斯福总统有大棒政策①，这足以让美国在轻声细语间就让别国乖乖听话。如果要做得更极致一些，它还可以使用核武器和化学武器来毁灭敌方的领土（比如在老挝和柬埔寨使用的"橙剂"②。在这两个国家，美国一年内秘密投掷的毒剂比二战期间总计投放到日本和德国的炸弹都多）。

　　不过，军事只是一种辅助手段。越南虽然胜利了，却走上了美国化的道路。日耳曼人胜利了，却没有被罗马化。吞噬作用能带来进步。自远古时代起，基本契约的内容都是用归顺来换取保护，而敲诈是达成交易的一种手段，必要时还有制裁。然而，主动请求甚至是乞求被保护的情况也经常出现，二战后的西欧就是如此。这样做是出于自身的利益考虑，可以兼顾经济和国防。当时资源匮乏，重建是首要的。一个优秀且名副其实的帝国是应邀而产生的，就像罗马社会中的被庇护人（client）拉着庇护人（patron）的袖子，主动寻求后者的保护。看看吧：中欧国家、巴尔干半岛国家以及波罗的海国家是怎么做的？格鲁

---

① 大棒政策，由西奥多·罗斯福提出的以武力威胁和战争讹诈的方式干涉拉丁美洲事务的外交政策。
② 橙剂是一种含有剧毒物质的除草剂，因其装运容器上有橙色条纹，故名。越南战争期间，为了打击藏身于丛林中的越南游击队，美国用飞机朝越南、老挝、柬埔寨的丛林喷洒了大量橙剂，毁坏了当地的生态环境，也使当地人民常年受到各种慢性疾病的困扰。

吉亚和西乌克兰又是怎么做的？远方强国总比紧挨着的近邻能提供更多的支持，而此处的近邻指俄罗斯。

有趣的是，帝国之中自古以来就存在一种反差。一端是统治地球的欲望，另一端是对地球居民的漠不关心；一端是全球眼光，另一端是巨人的本土心态。巨人对自己的地盘十分自信，认为完全不必在意外面的世界。正因如此，其领导层只愿与他国维持表面上的合作伙伴关系，源自神学的自信使人种学研究变得毫无意义。如有必要，这位世界领袖可以混淆玻利维亚和哥伦比亚，甚至可以混淆意大利和德国、什叶派穆斯林和逊尼派穆斯林；可以发动战争，摧毁印度支那、伊拉克或阿富汗，并伙同麾下的法国和英国对利比亚进行狂轰滥炸，却丝毫不关心这些国家的历史、语言和习俗。美国参议员竟会在选民面前吹嘘自己没有护照。当今世界的宗主国欢迎所有移民，但不会将任何特权下放给他们。美国军队必须始终受本国人指挥，奥斯曼帝国却将自己的国防交给了阿尔巴尼亚人，拜占庭则将其交给了亚美尼亚人。在军事联盟的内部，只有宗主国的"最佳盟友"才能及时得到消息——尽管如此，宗主国也不会征询它们的意见。驻阿富汗的辅助部队（特别是法国军队）都是通过报纸才了解到与敌方进行的会谈或计划的撤军日期的。

历史学家安德烈·皮加尼奥尔[①]写道："罗马帝国面临的最大危险，来自它所获得的胜利本身。"危险之所以产生，是因为拥护者们纷纷争着将作为好学生的奖赏当作股东的分红。竞争的小船沉重不堪。蛮族对罗马人的模仿和憧憬让罗马在过度扩张的挑战面前变得忧心忡忡、日渐衰老。公元33年[②]，位于非洲大西洋沿岸的毛里塔尼亚王国被其领袖波库斯二世[③]遗赠给罗马人民，这给屋大维生出不少麻烦，于是后者在公元46年[④]将它转让给努米底亚王子尤巴二世[⑤]。让一个感恩戴德者去驻守边疆要比派遣军队更加明智。派到乌兹别克斯坦的1500名美国大兵，驻扎波兰和爱沙尼亚的分遣队，驻扎吉尔吉斯斯坦的先遣部队，设于科索沃的巨大基地以及分布在冲绳、菲律宾的其他基地，这些都不禁让人想起自古以来所有帝国都曾面临的危险——因过度扩张而灭亡。新保守派对此不屑一顾，他们相信自己的文明是无法拒绝的礼物，相信"美国和平"（pax americana）只会唤起受益人的感激。罗马历

---

① 安德烈·皮加尼奥尔（1883—1968），法国历史学家、考古学家。

② 作者在此处的表述有误。应为公元前33年。

③ 波库斯二世（？—前33），毛里塔尼亚国王（前49—前33），罗马的盟友，与兄弟博古德共治，后来兄弟二人之间发生内战。

④ 作者在此处的表述有误。应为公元前25年。

⑤ 尤巴二世（约前52—后23），努米底亚王子、毛里塔尼亚国王（前25—后23），因父亲尤巴一世被恺撒击败而被虏至罗马，在罗马接受教育并长大，精通科学与文艺，对罗马极为忠诚。

史学家塔西佗对罗马价值观的评价极为精准。他的岳父阿格里科拉是布列塔尼行省的长官，其经验让塔西佗猜到了回报是什么："这些（布列塔尼）人天真地称之为'文明'（humanitas）的东西，其实是他们被奴役的肇始。"（《尤里乌·阿格里科拉传》，第21章）或者，如一个苏格兰起义者所言："他们播种悲凉，却称其为和平。"

关于罗马帝国"最后的灭亡"，有200多种解释——从势不可挡的匈人到通到住宅里的铅制管道系统，还有基督教第五纵队的暗中破坏、与西哥特人达成的糟糕妥协以及本土地区疯狂增加的公共假期。其中最有说服力的解释是：热水浴。它减轻生活的痛苦，麻痹了人们的神经，正如莎士比亚所说：繁荣与和平孕育怯懦。伊本·赫勒敦①警告说：居于高堂的男性，由于从游牧变成定居，开始追求雅致而不再尚武，因此会变得女性化。娇生惯养的人宁愿做行政管理也不愿打仗，更不希望自己战死沙场。他将这令人厌恶的工作交给私人军队、雇佣兵或者安保公司。遣散军队，去军事化，不用服兵役，向快乐和舒适看齐。肮脏的职能一概委托给外籍军团，而被布置在边境上的保卫帝国安全的蛮族将越来越放肆，继而变得贪婪，最后涌向中心。

目前从短期来看，"世界中心"借助超级尖端的科技

---

① 伊本·赫勒敦（1332—1406），阿拉伯哲学家、历史学家，中世纪"阿拉伯历史哲学"的创始人，著有《历史范例》。

装备来解决边境上的"麻烦"。关于努米底亚人、巴达维亚人和后来的汪达尔人引起的混乱，研究罗马化的著名历史学家马塞尔·贝纳布做了如下评述："野蛮人比文明人更好战，因为他们更有耐力。罗马人则以纪律和重型装备得以脱身。"不过，此种所谓的脱身只是暂时性的，无法阻止罗马化的北非地区自5世纪起就开始"去罗马化"，这比伊斯兰教的到来还早了许多年头。隐形飞机、网络攻击、夜视镜、机器人，这些都是海难中救命的木板。是的，直至某个临界点之前。

既然"所有的帝国都将灭亡"，那么这些大片绝不会有happy end（美好的结局）。

影响力

例外主义是各帝国老生常谈的论调，只不过它在美国有上帝天选论的支撑，从而显得更为突出。其实，西方的这个新帝国有更多的独特性。

当今法国的文明程度可谓不高不低。但如果没有罗马人、法兰克人和撒克逊人轮流教法国人的祖先如何更好地生活、生产、饮食和计算，那么后者的文明程度也许到不了现在这个水平。来简要回顾一下我们欠下的人情债。长话短说。文艺复兴时期，意大利人带我们走出了中世纪；启蒙运动时期，英国人则带我们摆脱了专制制度。我们要感谢法兰西斯一世、杜贝莱①、孟德斯鸠和伏尔泰，感谢这些才华卓著的文明联络员和促进者。如果没有意大利和英国这两个领头国家，我们在政治、绘画、建筑和其他方面可能会严重滞后。当下的霸权可能会为我们谋得同样显著的发展，但其性质不同，规模也不可同日而语。文艺复兴时期的意大利人、由下议院掌权的英国人、莱奥纳多·达·芬奇、洛克，他们都没有改变我们餐桌上的礼节以及不切实际、爱幻想的性格。美国化是没有殖民者的殖民化，其特殊之处在于上下两个方向的合围。哈佛大学和好莱坞、奥逊·威尔斯和大片、菲利普·格拉斯②和碧昂丝③、卡纳维拉尔角④和迪士尼乐园、阶梯教室里的罗尔斯⑤和贫民窟里的说唱乐、福克纳和脸书，双管齐下；街头流氓和布波族、克利希-孟费梅伊地铁站⑥和玛莱区、连帽

---

① 杜贝莱（1522—1560），文艺复兴时期的法国诗人，七星诗社成员，著有诗集《罗马怀古集》《悔恨集》等。

② 菲利普·格拉斯（1937— ），美国作曲家，在西方古典音乐中融入了摇滚乐、非洲与印度音乐等元素，代表作有《音乐的十二个部分》《北方的星》等。

③ 碧昂丝·吉赛尔·诺斯（1981— ），美国女歌手，被称为"流行乐天后"。

④ 卡纳维拉尔角，位于美国佛罗里达州的岬角，坐落有肯尼迪航天中心和卡纳维拉尔角空军基地，在美国航空航天业中占有重要地位。

⑤ 约翰·罗尔斯（1921—2002），美国政治哲学家、伦理学家，提出"公平的正义"理论，著有《正义论》《政治自由主义》《万民法》等，是20世纪英语世界最著名的政治哲学家之一。

⑥ 克利希-孟费梅伊地铁站，巴黎北郊的一个车站，位于两个贫民聚集的小镇之间。

运动衫和西装革履，上下发力。过去，香波城堡周围的农民一句意大利语都不会说，也不会每天听蒙特威尔第的音乐；推崇人身保护法①的人不会用英寸去丈量自己的花园，也不会穿苏格兰方格裙；在美好年代②倡导福利国家的那些人，虽然羡慕在退休制度和社会保障方面领先的俾斯麦治下的德国，却不会为戴着尖钉头盔列队而过的德军叫好，也不会对法兰克福香肠赞不绝口。

我们的这位雅努斯③同时转向后方和前方。他一只脚停留在民族国家林立的19世纪，那时"个体因自愿加入一个整体而感到光荣"（米什莱④语）；另一只脚则踏进了21世纪，这时，整体的名声来自它给每个成员的自由度。他同时抓住了链条的两端——超主权主义和超个人主义。前者体现为不受《日内瓦公约》约束，没有任何法律或国际条约可以束缚他的手脚；后者的表现是每个人都可以做他想做的事、说他想说的话、写他想写的东西。秩序与分歧、主流文化与地下文化、男性霸权与同性恋骄傲、肥胖

---

① 人身保护法，英国保护人身权利的法律，1679年由议会通过后迫使英王查理二世签署，后经多次修改，共20条，是英国不成文宪法的组成部分之一。
② 美好年代，指欧洲从普法战争结束至第一次世界大战爆发之间的历史时期（1871—1914），欧洲国家之间保持了较长时间的和平，第二次工业革命促进了生产力的提高，文化艺术也高度繁荣，是老欧洲的"黄金时代"。
③ 雅努斯，罗马神话中的两面神，掌管门户出入与水陆交通，能前后瞻望。
④ 儒勒·米什莱（1798—1874），法国历史学家，法国"总体史"观念的奠基者，著有《法国史》《罗马史》《法国革命史》等。

症与节食瘦身、服从型文化与反叛型文化、城郊线路与毒品贸易、落魄者的梦想与弄潮儿的典范、华尔街与占领华尔街、国际货币基金组织与艾滋病康复力量联盟（Act Up）、用于破坏的B-52轰炸机与用于抗议的伍德斯托克音乐节[①]、暴力的"机械战警"与和平的静坐示威、拥护特朗普与反对特朗普——两个极端在美国的土地上并存。

宗主国一边武装和支持南美与中东的独裁者和政教合一政权，另一边又武装和支持被禁言或被囚禁的人——这两类受它武装和支持的群体甚至经常同属于一个国家。美国驻法大使早晨致电法国外交部秘书长，强调美法两国之间良好且忠诚的盟友关系，表示有些事美国是不会对盟友做的。但到了下午，他就赶去会见93省[②]的北非移民后裔，鼓励他们为自己的文化而骄傲，要大胆展现自己，昂首挺胸。与此同时，在使馆的屋顶上，他的手下正在窃听200米外爱丽舍宫的通话内容。他在自己的会客厅里盛情款待"巴黎所有的要人"，与此同时却又去赞助了一个"去殖民化夏令营"（2016年4月）——一场反种族主义的政治培训研讨会，使用的理论源自美国大学里的女性主义和后殖

---

① 伍德斯托克音乐节，举办于美国纽约州伍德斯托克镇的摇滚音乐节，共举办过三届，主题是"和平、反战、博爱、自由"。

② 93省，即巴黎北郊的塞纳−圣但尼省，因其邮编以93开头，故称93省。有大量的北非移民定居于此。

民研究。美国总是准备好同时为社会最底层的人和这块土地上的巨头竖起大拇指。其他国家都不具备这种同时在会客厅和办公室工作的能力。美国最大的成就大体如此：创造了一个超级爱国主义社会，在机场柜台、道路两旁、大楼入口处、街角杂货店的门上乃至总统上衣的翻领处都有星条旗的身影；然而，其散布于世界各地的追随者和支持者却把程度最轻的爱国主义表达都定性为"民族主义"行为，几乎把任何敢于提及国家利益的人都视作人类公敌。在领头人处值得赞扬的东西到追随他的队伍里却成了令人作呕的玩意儿。

我们要注意避免以美式非黑即白的观点来看待美国化。美国由上帝创造，凡与之对抗的人都是魔鬼——这是新保守派的夸张论调；又或者，帝国是魔鬼，所有与之对抗的都是善的——这又是反方向的夸张论调。无论是在路易十六时代的法国，还是在曼德拉时代的南非以及其他受欧洲殖民的国家，美国常常代表自由。今天的库尔德人从中受益最大。我们也不要忘了，对于女性、少数族裔和同性恋来说，美国化曾经并且一直是解放的代名词，是风俗解放、言论自由和性别平等的代名词。美国化分为正反两面，其幸福的一面与其反面可谓旗鼓相当。我们也不要忘记，美国的正反两面完全是两个不同的国度——厄普顿·辛克莱①和欧内斯特·海明威、马丁·路德·金和马尔科姆·艾克斯、琼·贝兹②和伍迪·格思里③、诺姆·乔姆斯基④和奥利佛·斯通⑤的美国首当其冲，是"美国化"的第一受害者。欧洲人应该尽其所能地捍卫这一部分美国人的事业。世上有两个美国，这是在美国之外的被美国化之人的幸运。他们感觉不那么孤独了，内部的人也如此，他们从此可以携手相助。

美元和互联网为美国法律的治外法权带来技术革新，将附属国与宗主国绑定。但回顾历史，这并不是首创。罗马人也曾用细致的法律为其政治扩张服务。美国可以借此在经济领域敲诈竞争对手（即外国银行和企业），理由是后者不遵守参议院的决议。当然，这一切都是以道义的名义，打着反对国际腐败的幌子。即使没有在美国境内设立子公司，也无法避免被罚款的命运（法国巴黎银行被罚89亿美元，阿尔斯通被罚7.72亿美元，等等），因为只要是

---

① 厄普顿·辛克莱（1878—1968），美国现实主义小说家，其作品因揭露资本主义社会的罪恶而闻名，代表作有《屠场》《石油》等。
② 琼·贝兹（1941— ），美国民谣歌手、作曲家，被誉为"民谣皇后"。她在20世纪60年代广泛参与黑人民权运动和反越战运动。
③ 伍迪·格思里（1912—1967），美国民谣歌手、作曲家，经常为工人、农民演出，备受普通大众喜爱，代表作有《这是你的国土》等。
④ 诺姆·乔姆斯基（1928— ），美国语言学家、哲学家，创立了转换生成语法理论。他还是一位著名的左翼知识分子，对美国政府持激烈的批判态度。
⑤ 奥利佛·斯通（1946— ），美国导演、编剧，代表作有越战三部曲（《野战排》《生于七月四日》《天与地》）、《边境以南》《斯诺登》等。

与受美国禁运政策制裁的"敌对国家"做生意，或者仅仅是用美元与这些国家交易——对于跨国公司来说难有他法——就足以被定罪。依靠在全球的侦听和间谍能力（美国国家安全局）来加以要挟、敲诈和刑事制裁（甚至逮捕外国企业负责人），这种做法能让"幕后领导"的利益最大化（从外国金融牲口身上割取的资金支撑着美国司法部和国内司法机器中数十万律师的运转）。令人吃惊的是，受害者还觉得这种做法是合法的，当场缴清罚金，没想过采取任何反制措施。接下来就像什么事都没发生一样，"生意照旧"。习惯于对"盟友"进行间谍活动和监听，要求别国单向提供航空旅客的个人信息，拒绝加入国际刑事法院并威胁切断对签约国的补给供应，还有其他10项厚颜无耻的"单边"措施——这些事情甚至都不再出现在人们讨论的话题中。

拉博埃西①通过观察他那个时代"受'单一整体'迷惑与蛊惑"的小人物，提出了"自愿奴役"这一概念。这种现象仅用普通人的懦弱或个人的平庸来解释是不够的。当代社会学家有其他说法来阐述此种顺从。他们用"由统治向霸权的转变"来解释它，认为霸权是一种内化的统

---

① 艾蒂安·德·拉博埃西（1530—1563），法国政治哲学家、人文主义作家和诗人，著有《自愿奴役论》《反暴君论》等。

治，受被统治者渴望、由被统治者体验且被被统治者视为一种等级晋升。拐点有时肉眼可见，当放在被统治者肩上的手或其他表示优越感的小动作（欢迎！太好了！）被他当作一种等级晋升时，当昨天还是得罪人的事在第二天就成了讨喜的举动时，拐点就出现了。在戴高乐看来，和平时期将法国军队置于外国人的指挥之下，美其名曰"统一指挥"，是对自尊的伤害。但对萨科齐先生和奥朗德先生来说，那是骄傲的源泉。

除了精神与性格上的弱点之外，物质力量也是不容忽视的因素。我们没有在诺克斯堡①、十艘航空母舰和数千架武装无人机前倒下，却臣服于洗衣机、互联网、全球定位系统、冲浪运动和混音器。更宽泛地讲，所有让我们的生活不再那么糟心的东西，无论是美国发明的还是在美国工业化生产的或两者兼而有之的，美国都比我们领先一二十年，从平装书（1939年出现，我们现在的口袋书的原型）到集装箱（1956年发明，全球化的引擎），还有奶昔和唱片机。人们（尤其是单身人士和家庭主妇）不会指责给生活带来极大便利的帝国，毕竟它带来了冰箱、烤面包机、吸尘器、微波炉、烘焙模具、Xbox游戏机和其他上千种神

① 诺克斯堡，美国肯塔基州一个小镇，是美国装甲力量的重要军事训练基地和美联储的黄金存放地。

奇的东西。必需品像病毒一样有传染性。事情就是如此，尤其是当生存本能遇上享乐原则，并辅之以道义之时。只需回顾一下由美国发明且让人类的生存条件变得更宜居的东西，我们就能确信，如果当时没有在美国后面亦步亦趋，我们的生活会变得何等不便：拖拉机、电话、超市，而且除了居室内的舒适外，还有男性普选（1820年）、妇女的投票权（1920年）、蓝色牛仔裤、青春、爵士乐、同性恋骄傲，等等。在最后审判之日，面对电椅、"快乐教育"、小布什等诸多罪孽，前面提到的那些贡献将大大地平衡天平的两端。

　　在法国，我们仍然难以理解一件事——人们头脑里的东西与他们手里的东西（念珠或智能手机）并非毫无关系。并且不仅仅是手里的东西，就连脚上、耳朵里或头顶上的东西（靴子、耳机或鸭舌帽）也与头脑有一定联系。痞子们可以一边赌誓咒骂美国，一边不断买耐克的产品，两者互不妨碍，而且购买比吐槽更来劲儿。重要的是生活，而不是思想。如果说宗主国成了我们日常生活的一部分，那是因为它每天都告诉我们（或者向我们兜售）如何花最少的力气做最多的事，比如用更少的材料制造更多的产品，投入更少的情感关注来获得更多的情感回报，用更少的付出换来更高的收入，用更少的汽油跑出更多的里程，用更少的学习时间习得更多的知识……自从发明了数

字与燧石制的石器之后，这便成了人类这一物种物质进步
的意义所在——以少换多，让我们身体上或思想上的懒
惰更具生产力。在这一层意义上，发明一系列天才之物，
追求低成本高收益，这些完全符合物种进化的方向。美国
这个高科技国家在穷人身上引起的既爱又恨的情绪，很大
程度上源自所有新机器都具备的双重性——既滋补又有
毒，毕竟事物（例如车轮、字母表、联轴器、蒸汽机）都
有最坏和最好的一面。美国的另一项发明——转基因产品
（1976年）也是如此，支持者和反对者为此争论不休。为
了提高大豆和玉米的产量和收益，农民每年都要向孟山都
公司①购买转基因种子，但另一方面，他们还不得不购买这
家公司的杀虫剂来保护作物。尽管如此，由于在某个领域
永远处于落后地位，大家还是认为每年都应该去技术标准
的圣地进行朝圣。

　　要强调多少次，人们才会明白，决定事物与观念流向
的不是我们与观念的关系，而是我们与赖以生存的物质条
件的关系？要复述多少次，人们才会醒悟，法国大革命既
不是共济会也不是自由思想家的阴谋？要提醒多少次，人
们才会理解，思想领域的现代化不是那些希望调和法国与

---

① 孟山都公司，美国一家农业领域的跨国企业，全球转基因种子和杀虫剂的
　重要生产商，曾因各种环境污染事件而丑闻缠身。

时代的关系的领路人（如JJSS①、勒韦尔②、菲雷③等人）的杰出工作成果？我们不应向政治幻想（我们这块土地与生俱来的轻罪）让步，不应费心寻找责任人、邪恶者和变节者，虽然以下事实有些让人难以接受："我们国家以及我们文明的未来将成为某场斗争的焦点，而在那场斗争中，我们中的大部分人只是略显卑贱的旁观者。"（马克·布洛赫语）我们这位伟大的历史学家和历史见证者在《奇怪的战败》一书中写道："所有被打败的民族都会揪出他们中的加奈隆④。"我们的先辈揪出了贝当、甘末林⑤和赖伐尔⑥这些老朽的投降分子、装备落后的军人、大腹便便的懦弱资产阶级，可如今的我们既没有被占领，也没有被打败。我们不应把我们那些既不左也不右、通过CrossFit⑦来

① JJSS，即让-雅克·塞尔万·施雷伯，详见第97页。
② 让-弗朗索瓦·勒韦尔（1924—2006），法国记者、哲学家，古典自由主义和自由市场经济的拥趸。
③ 弗朗索瓦·菲雷（1927—1997），法国历史学家，自由主义者，以研究法国大革命时期的历史而著称。
④ 加奈隆，法国英雄史诗《罗兰之歌》中的人物，罗兰的继父。由于他的叛变，罗兰英勇战死，查理大帝打了败仗。
⑤ 莫里斯·居斯塔夫·甘末林（1872—1958），法国将军，二战时的法国陆军总司令，拥护贝当的投降政策，对1940年法国的战败负有责任，1942年维希傀儡政府为洗白自己的投降行为而将其定罪，1943年被送入德国的纳粹集中营。
⑥ 皮埃尔·赖伐尔（1883—1945），法国政客，曾任第三共和国总理，二战中支持贝当的投降政策，后出任维希傀儡政府总理，二战结束后被处以死刑。
⑦ CrossFit，起源于美国的健身训练体系。

保持身材的经理人以及年轻的、具有创新精神的、充满活力的、与外界联系密切的企业家当作温和妥协的替罪羊，更不应将我们那些"国际化精英"、满足于现状的寡头政治以及其他近似物当作出气筒。不要把工具层面的革命与社会和政治层面的反革命势力混淆起来，即便前者可能有助于后者。现在是重新回到马克思主义经典著作的时候了："手推磨产生的是封建主的社会，蒸汽磨产生的是工业资本家的社会。"①同理，电脑、卫星、光纤和集装箱产生的是达沃斯论坛、微粒子和安迪·沃霍尔②的社会。

世上取决于我们的东西比不取决于我们的东西要少得多，但在前者之中，有一种东西最好能够加以控制——附庸风雅（snobisme）。这个法语单词源自英语单词"snob"（附庸风雅之徒），但"snob"本身又是法语俚语"sans noblesse"（缺乏高贵气质）的缩写形式，而后者则源自拉丁语中的"sine nobilitate"（缺乏高贵气质）。从众心理驱使妄图跻身潮流的我们去购买那些聚光灯下的人物所消费和拥有的限定款商品，商店里于是人潮涌动。自第四纪末期人类从树上下到地面时起，我们就都是不可救药的附庸风雅之徒——想要抑制这种本能并不容易。

---

① 马克思. 哲学的贫困 [M] //马克思, 恩格斯. 马克思恩格斯文集: 第1卷. 北京: 人民出版社, 2009: 602.

② 安迪·沃霍尔（1930—1987），美国画家、电影制片人，波普艺术代表人物。

文化界和"时尚"界尤其如此，两者在这一点上不相上下。狄德罗也许会说，附庸风雅是必需的职业技能，是行业惯用的表达方式；而对很多人而言，它是一种谋生手段。In（流行的）和on（进行中）的东西既不弄虚作假，也不故弄玄虚。人要么是时髦的，要么是不时髦的。对于时尚潮流和轰动效应的占卜官而言，但凡不是在美国出现的东西，就没什么意义，完全没有意思，是二流货，是土里土气的，是French shit（法国狗屎）（某位博物馆馆长在向前来参观的美国同僚展示自家的藏品时就是这样表明自己的谦虚的）。该深入挖掘自己的藏品了。为了摆脱官方的蔑视，我们有必要对它们进行重新定性或包装。造型艺术领域有一个有趣的例子。自20世纪70年代起，欧内斯特·皮尼翁–欧内斯特①就开始创作情境拼贴作品，并由此开创了一种新的艺术形式——将街道变为艺术作品。他的作品有别于街头艺术，后者通常旨在把街道变成进行露天展览的艺术长廊。况且"街头艺术"这一标签的出现时间比他开始创作的时间要晚得多，可他却不管三七二十一地加入其中，变成这一流派中的红人。滑稽的是，正是这种不愿显得土里土气的想法才导致了真正的土气。不过，需求就是王道。就像我们的发明家们只有到美国去才能挖掘

————————

① 欧内斯特·皮尼翁–欧内斯特（1942—　　），法国情境主义造型艺术家，都市艺术先驱。

出他们发明的新花样的价值，60多岁的老人只有把自己出租带家具房屋的信息发布到爱彼迎上才能租个好价钱。除此以外，人们为了让自己增值，常常会取个朗朗上口的英文名字——比如将玛丽-勒内·阿历克西·圣-莱热·莱热改为圣-琼·佩斯①，或到白宫前摆个姿势拍照。不在美国销售的法国汽车也要到亚利桑那州拍广告。"法国理论"这一标签让那时仍处于边缘的法国哲学家得以在本国出名②（这让雅克·德里达觉得特别好玩——他在纽约作过一次题为《马克思的幽灵》的讲座，一个月后，他看到自己这只在黑暗中待了20年的"死狗"竟然重新出现在一份巴黎热销周报的头版）。那些通常被我们归为二流的喀麦隆裔历史学家、海地裔小说家、塞内加尔裔哲学家、安的列斯群岛裔诗人和加拿大魁北克裔平面设计师等，如果得到美国某所大学、某家出版社或者某家画廊的认可，我们就会衷心地向他们敞开大门。（我们这些伟大的堂表兄弟们完全有理由跑到赏识他们、支付他们酬劳、热烈欢迎他们的地方去，因为小气且脾气糟糕的法国拒绝为他们提供生存条件。）

---

① 圣-琼·佩斯（1887—1975），原名玛丽-勒内·阿历克西·圣-莱热·莱热，法国诗人、剧作家，代表作有《阿纳巴斯》等，1960年获诺贝尔文学奖。

② 20世纪60年代至70年代，德里达、福柯等在美国闻名遐迩的知识分子在法国却不被重视。很多法国理论是经过在美国的传播和吸收后才进入法国知识界的主流话语体系的。

后卫部队与先锋部队，即政治家和文化人会合了。某位法国总统候选人在拉斯维加斯声称，要把法国变成一个smart nation（智能国家）。另一位则说，法国这架飞机如果想要复飞，就得向榜样学习，可以桑德斯①为例，也可以里根或特朗普为例。查理大帝坚持在罗马加冕，目的是证明他的王国是为了捍卫信仰而建立的。那位刚刚当选的法国总统，为了证明自己在任期内将致力于捍卫现代性，在去过柏林之后，还需要赶赴美国总统的椭圆形办公室，并在那里以拍照的形式加冕。不管你是艺术家还是恐怖分子，是国家元首、设计师还是哲学家，都需要横跨大西洋才能获得影响力——无论影响的是思想还是钱袋、眼界还是摩天大楼。那里有最好的投资回报。受过良好教育的欧洲年轻人，他们渴望成功，可以先到英国去接受简单的洗礼，但受膏仪式②只能在他们到世界之镜——纽约住上一段时间后才能进行，并且最好再读个MBA（工商管理硕士学位）。这样的过程是值得的。世界之城是最欢迎外国人的城市，也是向外输出人才最多的城市。越不排外就越有辐射作用，有因才有果。

---

① 伯尼·桑德斯（1941—　），美国联邦参议员，美国政坛少见的社会主义者之一，曾以民主党人的身份参加美国总统大选。
② 受膏仪式，基督教的一项神圣仪式，神甫将圣油涂抹到人或物上，以表祝圣。

印　记

　　我们无须对着帝国军团的旗帜宣誓效忠，更无须去阿
谀奉承。我们既不是附庸也不是奴才，而是用户。帝国的
国家机器教导我们该如何思考。依靠规范进行治理比靠军
事封锁和罚款更轻松而无痛，而且成本更低，是节省力气
的典范。这相当于用角尺（拉丁语中"规范"一词最初指
的就是"角尺"）来测量，而不是用脚步来丈量。我们这
群用户在使用中接受一次次的训练与再训练。首先规范化
的是技术体系（教育、健康、交通、传媒等），并由此催
生了一股消除了争议的活力。规范化通过毛细作用①建立
参照系，在不一致中建立起属于它的秩序。它就像一台压
路机，使"一切不与其适配的东西都显得扭曲、变形或歪
斜"（出自乔治·康吉莱姆②的著作《常态与病态》）。偏
差成了一种错误，疏忽规范与偏离规范有可能受到严厉的
处罚，这也适用于会计规范和税务法。法国立法机构成员
皮埃尔·勒路什是一位"美国通"和"美国之友"，他最

---

① 毛细作用，物理学术语，指液体在毛细管中因表面张力而升高或降低的
　现象。
② 乔治·康吉莱姆（1904—1995），法国哲学家，主要研究领域为认识论和
　科学哲学，代表作有《常态与病态》等。

近对此表示了担忧："一项不起眼的法美税务协议将把我们的财政部变成美国国家税务局的附属机构。在法国的法律中，该协议将一项美国法律（即所谓的'外国账户税收遵从法'）转化为法国法律，要求我们的金融机构向美国税务机关申报在法美国公民（有10万美国人居住在法国）或实体所持有的所有余额超过5万美元的账户。但这只是单方面的：法国税务部门向美国国家税务局提供信息，美国财政部却不提供给我们，因为他们的法律不允许。"

我们的思想启迪者完全可以容许其他社会不接受完全美国化的世界观。以电视节目为例。电视观众往往更喜欢本国的系列节目，但只要该节目是按既定的模式讲述一目了然的小故事，只要在所谓的文化频道上播放的纪录片时长为52分钟而绝不多一秒（剩余的8分钟为商业广告时间），只要脱口秀、节目主持人和广告片拥有一定的优先权，启迪者们就会容许其播出。因为他们明白，与弗兰克·辛纳特拉①、巴顿将军或肯尼迪的传记片相比，法国人更喜欢看皮亚芙②、戴高乐或达丽达③的传记片。重要的是对体裁的尊重，然后每个人都可自行选择收看还是拒绝。

---

① 弗兰克·辛纳特拉（1915—1998），美国歌手，代表作有《我的路》等。
② 埃迪特·皮亚芙（1915—1963），法国歌手，被誉为"香颂女王"，代表作有《玫瑰人生》等。
③ 达丽达（1933—1987），法国意大利裔歌手，代表作有《过去的好时光》等。

挑选"最佳"或遴选策划方案时也是如此。形式在上游，内容在下游。说唱音乐可以也应当用法语来唱。方式优先于材质，毕竟每个人都能用自己国家的语言说全球语。2016年的《人道报》节①上，说英语的重打击乐大师们为家庭聚会进行热场，结果在场的每个人都开开心心的，没有任何理解与沟通上的困难。每个时代都有它自己的《国际歌》，只是我们这个时代的作者不是欧仁·鲍狄埃②，而是迈克尔·杰克逊。1956年，美国大使馆特地解释说，亚特兰大的公司③是反苏事业的坚定盟友，于是，我们在拉库尔讷沃④伴着弗朗切斯卡·索勒维尔⑤的歌声为美好的明天激烈辩论时手中绝不会端着苏打水。到了2016年，哈马斯⑥却盛情邀请可口可乐公司在加沙开设了一间工厂。今天要是有人想模仿安德烈·布勒东，引用这位大师于1949年发表的言论，人们一定会对他报以嘲笑："关于美国，没有什么

① 《人道报》节，由法国共产党及其机关报《人道报》组织的大型群众性文化活动，从1960年起于每年的9月在巴黎北郊的拉库尔讷沃市的体育公园举办。
② 欧仁·鲍狄埃（1816—1887），法国革命家、诗人，巴黎公社时期当选公社委员，《国际歌》的词作者。
③ 此处指的是总部位于美国亚特兰大的可口可乐公司。
④ 拉库尔讷沃，法国巴黎93省的一个区。
⑤ 弗朗切斯卡·索勒维尔（1932—　），法国左翼歌手。
⑥ 哈马斯，"巴勒斯坦伊斯兰抵抗运动"的简称，是一个兼具宗教性和政治性的组织，主张暴力斗争，反对同以色列媾和，其终极目标是建立以耶路撒冷为首都的独立的巴勒斯坦国。

比它那拙劣的实用主义更让我反感的了，没有什么比它发明的各类文摘杂志更让我在智识上感到厌恶的了，没有什么比它处处高人一等的优越感更让我感到恶心的了。我憎恶它对中美洲和南美洲的操控与掠夺。虽然不得不承认，它正将帝国主义的蓝图扩展到旧大陆，但我依然坚信，愚蠢的可口可乐公司、美国领导人和银行家不可能战胜欧洲。"鲍勃·迪伦①唱道："The Times they are a changin'."（"时代在变。"）

软件独自从硬件中衍生出来，硬件也根本不需要通过歌德学院与孔子学院来宣传其设计者的非凡成就。爱沙尼亚前总统托马斯·亨德里克·伊尔韦斯②曾做过计算机编程师，在10年的任期内，他让爱沙尼亚在进入了以Skype、推特为代表的互联网科技时代的同时，也跨入了全面美国化的时代——无论是在军用层面还是在民用层面。艾森豪威尔总统曾说过："爵士乐是美国的最佳大使。"那时，黑胶唱片已经比雪佛兰汽车（以及赛璐珞唱片）更容易就地生产，远远早于数字技术引起的情绪波动影响每个人的钱包的时间，也远远早于音乐成为网络上最大的消费内容的

---

① 鲍勃·迪伦（1941—　），美国民谣歌手、词曲作家，2016年获诺贝尔文学奖，代表作有《答案在风中飘扬》等。
② 托马斯·亨德里克·伊尔韦斯（1953—　），出生于瑞典，自幼在美国长大，曾任爱沙尼亚总统（2006—2016）。

时间。举着红旗走遍欧洲的红旗歌舞团①在巴黎体育宫受到热烈欢迎，但他们没能让人们产生脸贴脸的身体接触。慢步舞②带来的不是抽象意义上的"人民"的亲近，而是身体上的靠近，渗透进个人的欲望与感情之中，从20世纪60年代起开始流行。莎拉·沃恩③的《鸟塎摇篮曲》巡演了45次——真了不起，非常震撼，极度狂热。比莉·哈乐黛④、猫王、雷·查尔斯⑤（佐治亚州）、平克·弗洛伊德乐队⑥以及其他许多迷人的声音，都在不知不觉中与自默片时代起就开始的超距作用⑦对接上了。正如马塞尔·莫斯1934年在《身体的技术》中论述"生存心态（habitus）的社会本质"时所说的那样："我住院时得到了某种启示。我在纽约病倒了，寻思自己在哪里见过像这里的护士一般

---

① 红旗歌舞团，即俄罗斯亚历山大罗夫红旗歌舞团，苏联与俄罗斯的军队歌舞艺术团，由苏联国歌作曲者亚历山大·瓦西里耶维奇·亚历山大罗夫（1883—1946）创立于1928年，曾两次获红旗勋章。

② 慢步舞，最简单的双人舞，两人双臂相拥并随着慢速音乐摇晃，20世纪60年代起盛行于西方的青少年聚会上。

③ 莎拉·沃恩（1924—1990），美国爵士女歌手，20世纪爵士歌坛三大天后之一。

④ 比莉·哈乐黛（1915—1959），美国爵士女歌手，20世纪爵士歌坛三大天后之一。

⑤ 雷·查尔斯（1930—2004），美国灵魂音乐家，节奏布鲁斯音乐的开创者，出生于佐治亚州，由他翻唱的《佐治亚在我心中》被定为佐治亚州州歌。

⑥ 平克·弗洛伊德乐队，英国前卫摇滚乐队，代表作有专辑《月之暗面》《迷墙》等。

⑦ 超距作用，物理学术语，指两个处于不毗邻区域的物体间的相互作用。

行走的年轻女士。我有足够的时间去思考这个问题，最后想起来是在电影院里。回到法国后，我注意到，这种步态很常见，尤其在巴黎；这些年轻的姑娘虽然是法国人，却都以此种方式走路。事实上，美国式的走路方式，借助电影的传播，已经来到了我们的国家。"生存心态因礼节、风尚和声望而各不相同。它是"集体和个体实践理性的产物，人们却通常认为它是灵魂及其重复能力的产物"。

　　我们可以把此种移印作用归咎于各种大小仪式的间接渗透（或者说是由点及面的印记传递）。在巴黎荣军院①里，大小仪式现在遵照的都是美国的范例：埃迪特·皮亚芙和芭芭拉②取代了法国共和国卫队管乐团；孩子们坐在前排；听人念着某次可怕的意外中的平民受害者名单，共和国向罹难者致意（过去只有战死沙场的军人和抵抗运动的战士才能享受这种待遇）。军队也依样学样，以成为"北约在欧洲最有战斗力的军事力量之一"而自豪。在北约中，上校以上级别的人员必须说英语；流行的口号是"互操作性"，以此保证规范能够得到遵循（例如向阵风战斗机上传送信息时要经由16号数据链）。由于军队规模锐减（陆军减少了一半，其中装甲部队减少了四分之三），我

---

① 巴黎荣军院，又名"巴黎伤残老军人院"，建于路易十四时期，用于收容安置伤残军人的建筑，现在也是军事博物馆的所在地。
② 芭芭拉（1930—1997），法国歌手，被称为"午夜歌后"。

们必须向盟友证明，我们的军队信息透明、反应速度快、能担以重任。因此，我们都不约而同地崇拜奇迹般的科技，把"人员要素"远远抛在脑后。对此表示担忧的战略家不受上级喜欢。德波尔特将军[1]指出："我们的军事模式向大西洋彼岸看齐是致命的。法国军队存在一个结构性问题——它逐步采纳了美国的战略文化，却没有为自己提供相应装备的能力。法国军队梦想和美国军队一样，结果醒来后却发现，自己被弃之如敝屣。"他希望"美国开发出新理念与该理念被欧洲军队采用之间的十多年时差"能够被缩小。

　　我们的总统是依据规范化的顺序调整日程安排的，因此，运动员、女演员要优先于潜艇指挥官、拉丁语和希腊语教授。由于时间有限，总统们不得不将精力集中在有分量的人和事上，如记者、男女演员、经济学家、摄影师。要么严肃对待，要么随意敷衍。教育规范已制定完毕——社交能力与实用技能优先。课程以未来的职业为导向，只教授有经济回报的内容。如今的教师们都在心中谨记：要教会约翰数学，首先要了解约翰[2]；紧接着，在可能的情况

---

[1] 樊尚·德波尔特（1953—　　），法国将军、战略思想家，2010年因批评美国的阿富汗政策被法国国防部停职。

[2] 引自数学家、教育家莫里斯·克莱因（1908—1992）的名言："为了教会约翰数学，首先要了解数学，了解约翰。"

下，教会他三率法①（整个过程有点像摘要版的"快乐教育"，而"快乐教育"是从美国引进的教学方法，美国人当年把它用作初等和中等教育的指导原则时，很多人都深感遗憾）。成绩单则用新语②书写，充斥着诸如灵活性、适应能力、就业力、机会平等、零包容度等词汇。我们曾深信自己那传承自的父辈的独特性根深蒂固，现在它却被人说三道四，并为自己的不合时宜而道歉。政教分离也是如此。它被公共权力从课堂讲授内容当中移除，已不再是理性精神的必要组成部分。它被视作救赎市场上的销售报价调节器，在教派自由公平竞争的框架下，依据公平竞争原则，负责保障信仰的自主权。至于天主教，它尽力改变自己，以适应新教和五旬节教派的浪潮——虔诚形象的弱化、牧师的世俗化、道义的普适性，以及礼拜仪式和圣礼的极简化。这是上帝恩赐的新生，是全体教会的联合。人人都是牧师！

---

① 三率法，初等数学中的比率运算法则，即"若ab＝cd，则d＝ab/c"。
② 新语，乔治·奥威尔在他的小说《一九八四》中所设想的经人工改造的语言。

希律王[①]和奋锐党

在长期研究不同文明之间的冲突之后，有远见的汤因比（他在给学生亨廷顿打分时，20分的总分可能只给了3分）从古埃及面对希腊殖民者、犹太国面对罗马的占领、（二战后）伊斯兰面对西方这三种情形中总结出了两种弱者对强者的回应类型：希律王式和奋锐党式。大希律王（盖约·尤里乌·希律）是犹太人的代理王，在罗马政府的操控下行事。奋锐党人是最后一批抵抗罗马占领的人，他们撤退到马萨达要塞[②]，为了不落入敌人之手而相互揾死自己的战友（公元73年）。"希律王式人物依照以下原则行事：抵御陌生人的最佳方法是掌握其秘密。当不得不与装备更精良的敌人对抗时，要学着用敌人的武器进行反击。奋锐党式行为是一种由外来压力激起的复古主义行为，希律王式行为则是面对相同的外部因素时产生的一种世界主义行为。"

希律王的行事方式是模仿式的，不具创造性，在乎

---

① 希律王（前73—前4），犹太国（罗马附属国）的国王，由罗马册封，虽统治手段暴虐但治国有方，极大地发展了犹太国的经济，并重建了耶路撒冷第二圣殿，是罗马间接统治被征服地区的样板。

② 马萨达要塞，罗马统治时代犹太国的一处要塞，奋锐党人的最后据点，后成为犹太人的圣地。

的是效率；而继承了马加比家族①传统的奋锐党，他们的
方式是牺牲型的，不计得失，关心的是纯洁性。后者即便
在只有长矛和盾牌的情况下也不惧向机关枪发起进攻，正
如1940年波兰人以骑兵阻挡德国的装甲部队。汤因比认为
最终的选择在"顺从与灭绝之间"。他毫不掩饰自己对理
性之人抱有一定的尊重，因为这些人"挑战当下，探索未
来，付出智识和意志的双重努力以克服奋锐党式的冲动，
后者是人类面临威胁时正常的本能反应"。他也不遮掩此
类两难选择的悲剧性："能够逃脱灭绝的奋锐党人十分罕
见，作为一股生命力顽强的力量，他们成了被灭绝的文明
的化石；希律王分子中能够摆脱灭亡的人会多些，但他们
却成了强势文明的模仿者，并被之同化。"保全了名誉，
但代价是死亡，这是马萨达守卫者的选择；拯救了未来，
但背弃了自我，这是弗拉维奥·约瑟夫斯的选择。记忆中
的马萨达，是道德上的英雄主义典范；作为犹太历史学
家，弗拉维奥·约瑟夫斯投敌并归附于罗马，成了智识上
讲究效益的典范，因为向敌人投降之后，他就可以记录犹
太人的历史，并将之传给后代。他凭借自己对罗马皇帝的
影响力，使同胞的境遇得以改善。知识分子是有影响力的
人，但需要民众的存在才能发挥影响。他肩负希律王分子

① 马加比家族，犹太教世袭祭司长的家族，曾于公元前2世纪领导犹太人起
义反抗塞琉古王朝的统治，夺回耶路撒冷第二圣殿。

的使命，因为他要去哄骗当权者，适应周围的环境，让自己的声音被听见，并为自己挣得一席之地。奋锐党或马加比家族肩负使命，他们很像作家和隐士，如圣热奈[①]和圣方济各[②]，他们是孤独之人，宁愿筑垒固守也要完成使命。历经险路方能攀上巅峰（ad Augusta per angusta）。

一个两难的抉择：希律王是个傀儡，好吧，不过他在一定程度上保障了犹太民族的繁荣，筹集了足够的金钱去重建圣殿、建造公共浴室和桥梁；奋锐党极端分子建立起一个短命的犹太共和国，驱赶或杀死了通敌分子，但他们的首领不久之后就被消灭了，由希律王重建的圣殿也被提图斯付之一炬。

很明显，以布鲁塞尔为中心的欧洲选择了希律王的道路。毕竟人类机体具有很强的可塑性，北约化的欧洲人并不缺乏具体的动机去适应现在的世界，只要他们秉持这样的原则："不造反总是对的。"

（1）质疑既定的秩序需要精神和心理层面的力量，这只有扎根于心的宗教信仰才能提供。信仰可以移山，质

---

① 圣热奈，即让·热奈（1910—1986），法国作家、剧作家，自幼流浪街头，成年后因行窃多次入狱，在狱中开始创作文学作品。在被判终身流放时，萨特等名人曾为其奔走呼吁，最终得到特赦。热奈作品出版时，萨特为其作序《喜剧演员与殉道者圣热奈》，故得名"圣热奈"。代表作有《鲜花圣母》《小偷日记》等。

② 圣方济各，即亚西西的方济各（1181—1226），天主教方济各会的创始人。

疑信仰则只会让我们止步不前。如果没有基督教，亚美尼亚是否还是亚美尼亚人的亚美尼亚？如果没有佛教，老挝是否还是老挝人的老挝？平衡离心力需要极强的文化同质性，甚至是民族神秘主义。作为欧洲人，我们已经尽己所能了。一棵大树没有了生命力，人们就不会再去挽救它。保证最低限度的葡萄酒／奶酪贸易谈判更符合我们的精神力量状态。

（2）事已至此，无须再对人类进步的进程说"不"，而所有事物的数字化转型是其中最大的进步。这种转型发源于硅谷，我们对其没有掌控力（就像过去的汽车、电影和航空技术一样）。黑格尔告诉我们，想中断太阳的运行是愚蠢的，它跟自由一样，从东到西，起始于亚洲（只有专制君主一个人是自由的），在欧洲稍作停留（一小部分人是自由的，比如贵族和资产阶级），然后在美国到达顶点（所有人都是自由的）。在这方面，圣贤给过我们忠告。"命运引领那些顺从者，拖曳不情愿之人"（塞涅卡语），而我们不愿被抛在后面。斯宾诺莎说过，自由是对必然性的认识。既然世界不是不断循环的，那么在听从未来避无可避的召唤时，我们能做的只有明智地行使我们的自由。

（3）历史上的"奋锐党主义"并不吸引人。一些相邻的小王国确实在抵抗罗马化，因为他们并没有从中受益

（除了犹太国，看看朱古达^①、汉尼拔、马西尼萨^②、芝诺比娅^③等的命运就知道了）。20世纪的奋锐党，他们最后要么充当简单的阻化剂（如魁北克人、巴勒斯坦人、越南人），要么成为可怜的遇难者（这是最常见的情况，如第三世界主义者），最糟糕的是成为正被清理的恐怖主义分子和蛮族，如基地组织、伊斯兰国等。与其遭受独裁、饥荒或自杀式袭击，还不如放低姿态，乖乖地服从。如果不幸沦为戏剧舞台，那也只能自认倒霉。

（4）如果对两种模式都反感，那么应两者相较取其轻，并且不能搞错同盟。不能在法国的"省份"和波多黎各式的"自由邦"之间摇摆不定。不能重蹈拜占庭基督徒的覆辙——1453年，他们选择归附于围攻了君士坦丁堡的奥斯曼人而非罗马教廷，因为他们觉得那些拉丁基督徒傲慢且难以忍受。"宁要苏丹的头巾，不要教皇的三重冕。有了前者，我们至少还可以保留自己的身份。"尽管美国妇女低下的地位让我们生气，但总比穆斯林妇女被压迫的处境让我们更好受一些。

---

① 朱古达（约前160—前104），努米底亚国王（前118—前105），公元前111年与罗马发生战争，史称"朱古达战争"，战败后被罗马处死。

② 马西尼萨（约前240—前148），努米底亚首任国王（前202—前148），朱古达之叔。

③ 芝诺比娅（约240—?），叙利亚帕尔米拉国女王（267—273），任内改变亲罗马政策，后被罗马帝国击败，被虏至罗马城游街示众。

（5）高卢地区的罗马化总体来说是积极的，尤其是对被占领区新居民的安逸和日常生活来说。比较一下阿洛布罗基人的木屋和高卢–罗马式的多层别墅就能明白——比如2016年刚刚在朗塞河畔发现的那栋别墅，它的房间和游泳池都有供暖，长廊配以列柱，彩漆的墙壁和天花板饰满贝壳。当然，这座别墅在当年是按招标准样式建造的，既不是本地风格，也不那么别出心裁，我怀疑房主们曾抱怨过这外来的建筑文化。

众所周知，当起冲突的双方各有其道理时，悲剧就产生了。

于是，人们希望有个第三方，他能就不可避免的冲突进行商务谈判，一步一步解决问题，毫不气馁。或许，我们需要一些具有奋锐党特性的希律王式智慧，这样就不会被铁蹄践踏了。

第七章

为什么"没落"讨人喜欢且必不可少?

因为这样的时刻不仅是最雅致的，也是最多产的。一种文明，当它到达最佳发酵状态时，就可以为其他文明人工授精，把自己的全部或部分特点遗赠给它们。文明，意味着传播。没落，代表着传承，其后才能反弹，其后才能幸存。这是一套不推荐穿戴的丧服。

　　瓦莱里所说的"我们这些文明"①是否将我们引入了歧途？如果他把接下来那句话换成"不管怎样，我们都知道自己身上的某一部分是不朽的"，是否会更鼓舞人心、更准确？即使像他说的那样，"我们这些文明"是必死的，那么死亡是否仅仅意味着发酵的终止？在我们这位诗人先知看来，这也许是一种大逆不道的想法，因为他反感直白的效果、简单的头脑。但他在无意间为我们的文明立下的遗嘱为许多殡仪人员打开了方便之门，他们得以快速埋葬死者。首先，死亡不是一种显而易见的现象，而且对个体而言，其定义会不断发展或变化。直到不久以前，它都以心脏停止跳动、血液不再流动作为标志。现在，它指的是脑死亡，即所有脑电波停止工作，这让我们有了更多的时间去摘除死者的器官（需要当事人家属的书面同意）以"挽救活人"。更何况，这样的致命时刻在历史的长河中是多么难以辨别。一般情况下，除非遭遇战争或炮火（像特洛伊、迦太基、亚历山大城那样），一个地方的面

---

① 详见第28页。

貌都会保存下来，即便面容不那么清晰了，至少大致的轮廓能看出来——精神在逃逸的过程中仍以这些场所为尊。知道自己会死很正常，但知道自己正在死去就很罕见了。有太多的死亡通知扮演着杀手的角色，或至少加速了死亡的来临。人都是自私的。贝尔纳诺斯认为义务兵役制（他称之为"十足的极权思想"）设立之日就是基督教文明的终结之时，他回顾历史，发现文明往往终结于机器设备、工程师和机械师不再相信母语之优越性的时候（那时他刚刚获知，在即将于旧金山召开的第一次联合国会议①上，法语将不再是外交语言）。此类情绪的转变与怨恨的发作是在告诉人们要谨慎行事。

真正的问题在于知道周围支撑我们的东西中什么能且将能幸存下来。菲洛皮门②是一位杰出的统帅，公元前183年死于美塞尼亚。同时代的罗马人喜欢把他称为"最后一个希腊人"。总而言之，他配得上最高的敬意。但他比不上罗马法和哲学。罗马法（西方的"圣经"）没有因罗马遭洗劫而死亡；哲学（希腊人的发明）也没有因希腊军队

① 即旧金山会议，1945年4月25日—6月26日在美国旧金山举行，有50个国家的代表出席，制定并一致通过了《联合国宪章》和《国际法院规约》。
② 菲洛皮门（前253—约前183），古希腊政治家和将领，亚加亚同盟总司令，多次打败斯巴达，并反对罗马对亚加亚同盟内部事务的干涉，被同时代的罗马历史学家称为"最后一个希腊人"。

在彼得那战役①中溃败（公元前163年②）而消失。诞生于
阿提卡光辉下的三段论、戏剧和等腰三角形继续朝着南北
各地前行。希腊诗歌的格律出现在格里高利圣咏③中，而
后者的格律又出现在奥利维耶·梅西安④创作的康塔塔⑤
里。1000年后，罗马式凯旋门的三拱门式样重新出现在哥
特式和罗曼式大教堂的门廊中。这样的接力赛并没有可预
见的终点。罗马帝国消失后，先在拜占庭重生，后者又在
莫斯科复活，成为第三罗马。所有的帝国都将灭亡，然后
重新发芽，无论是今日的美国还是昔日的罗马（跟上海相
比，纽约已经显得有点儿土里土气了）。但有一天，它会
以出乎意料的方式同另一个国家融合，以免归于虚无。加
利福尼亚将充当大西洋轴心和太平洋盆地之间的中继站，
正如地中海盆地当年在文明的东方和尚处于蛮荒阶段的大
西洋世界之间所扮演的角色一样。曼哈顿将得到重建，甚
至比以往更上镜（柏林和华沙就是很好的例子）。被厄运

---

① 彼得那战役，第三次马其顿战争的决定性战役，发生于公元前168年，交
战双方为马其顿王国与罗马，结果马其顿王国战败并最终覆灭，罗马成为
希腊世界的霸主。
② 作者在此处的表述有误。希腊军队在彼得那战役中溃败的时间为公元前
168年。
③ 格里高利圣咏，天主教会举行礼拜仪式时咏唱的单声部、无伴奏宗教音
乐，诞生于中世纪。
④ 奥利维耶·梅西安（1908—1992），法国作曲家、风琴家、鸟类学家，其风
格受中世纪宗教音乐、古希腊诗歌格律的影响较深。
⑤ 康塔塔，大型声乐套曲，17世纪初产生于意大利，与中国的大合唱相近。

截断手臂的自由女神像，有一天将看到自己手中的火炬被修复。特朗普大厦亦然。而要求重开已被列为历史遗迹的泰姬陵赌场①的那批人，将会是亚洲游客。只有文化会消亡，亚马孙林中空地上或喜马拉雅山谷中的人所讲的语言将因为缺乏使用者而慢慢地消亡。从垂死的拉丁语中衍生出了几门孱弱的混合语——意大利语、法语、葡萄牙语、西班牙语和罗马尼亚语，它们也各自创造了伟大的文学作品。文明的特性在于其内里藏有一种可恢复且易于杂交的基因。它不会不留后代就死去，不论后代是私生子还是合法的婚生子。没有什么会死去，一切都只是发生了转化而已。"没有什么"即意味着"一切"，它是柔软中坚硬的部分，也就是保尔·瓦莱里所说的"精神"，程抱一②所说的"灵魂"。中国精神、印度精神、欧洲精神以及其他精神，它们不会消失于虚无。从什么时候起，仅凭一个个体或一个集体的死亡，就能为继承法以及人类这个核心物种的长远发展画上句号了？夏尔·佩吉说过："现存的东西中，没有一个会在某天清晨突然不再是以前的样子。"我们还可以补充说，也没有什么东西会突然变成未来的样子，否则过去就是未竟的过去。尼尼微和巴比伦与亚述帝

① 泰姬陵赌场，曾是世界上最大的赌场，位于美国东海岸大西洋娱乐城，由特朗普投资兴建，已于2016年倒闭。
② 程抱一（1929—　），法籍华裔学者、作家，法兰西学术院院士，被法国媒体称为"中国和西方文化间永不疲倦的摆渡人"。

国一起消亡了，但美索不达米亚的宇宙起源说没有消失，它留存在《圣经》里。尼尼微和巴比伦的意音文字及后来的楔形文字孕育了阿拉米人①的辅音字母；乌加里特城②的毁灭为腓尼基字母添加了元音字母；继而比布鲁斯城③也消失了，然后出现了希腊字母。我曾在大马士革附近的马卢拉听人说过阿拉米语——基督的语言。珍珠能被打磨成各种奇形怪状的珍珠，但始终有一条线将它们串联起来，而这条线才是最重要的。正如我们的祖先也都有他们的祖先一样，我们是且将一直是继承者，同时也会被其他继承者继承，尽管我们不知道他们是谁。

就此种无法解释、不知疲倦的保存本能而言，我们不正是其中一个值得关注的典型？即便我们是后基督徒，甚至是反基督者，我们依然是不自知的基督徒，就像过去反罗马的基督徒依然是罗马人一样。为了反对罗马，他们建立了"罗马使徒天主教会"④，其中不正含有"罗马"一词吗？虽然我们法国人是世俗主义者，但难道我们就不能

---

① 阿拉米人，古代闪人的一支，公元前2000年左右在叙利亚南部及幼发拉底河中上游一带建立若干国家。阿拉米语曾为公元前7世纪—公元7世纪西亚地区的通用语言。

② 乌加里特城，古代腓尼基城邦，位于今叙利亚北部，约于公元前1185年在"海上民族"南下的浪潮中被毁。

③ 比布鲁斯城，古代腓尼基城邦，位于今黎巴嫩，埃及莎草纸便是从此地传入爱琴海地区的。

④ 罗马使徒天主教会，罗马天主教会的全称。

是天主教的在俗教徒，就不能为合一性、同质性，以及一具以法律为圣骨且定义清晰的圣体操心吗？至于以前挑战上帝的革命者们，难道他们就没有立下伟大的应许并以之为跳板吗？现代的历史哲学是改换了面貌的神学，将"得救"改称为"革命"。神圣的战争、用鲜血播种信仰的殉道者、受惩罚的异端、待揭穿的叛徒、通过内部清洗而日益强大的政党，这些都不是凭空出现的。谁说我们继承的遗产不是源于圣约①？我们是《新约》的直系后裔。我们重新定义了千禧年主义的末世论。20世纪进步主义的苦痛已经在落败的十字军战士身上拉开了序幕。这个世界曾经血流成河，但问题是，它并没有重生，痛苦依然存在。末日审判没有到来。上帝选民中的精英在新人类与旧人类之间、在新盟约与旧盟约之间做彻底的切割，指引人们走向他们自己也无法寻找到的未来——他们是列宁式的人物，但更是圣保罗式的人物。不得不承认，要摒弃以下想法是很难的：历史不仅是一个进程，而且具有方向性，明天可能与昨天完全不同。如果没有天降圣人的信条，没有圣灵主宰历史的看法，没有基督是世界之心的圣言与应许的观念，那么诸侯争夺世界霸权的斗争对我们而言还有什么意义？我们还会如此关注地球上各王国的更迭吗？基督教文

---

① 法语中"圣约"（Testament）一词又有"遗嘱"的意思。

明是我们征程的依靠，并为之提供了一个不安的背景。将精神与俗世分离的佛教徒和伊壁鸠鲁主义者可能会觉得它难以理解，且容易搅扰精神的宁静。

世上的东西到达了寿限后都会消失，而这一过程是缓慢的，这就是所谓的"衰落"。那我们为什么不愿意为人类的缓慢前行付出额外的代价呢？

因为我们发自内心地喜欢各种灾祸。

侵蚀是自然界的客观规律，但在我们看来它有一个缺点——不允许我们做梦。它既不擅长思考也不擅长想象，对我们的虚荣心来说分外恼人，我们只有小跑着逃离它才能拥有壮丽的落幕。一个好的落幕场景，值得用一部灾难片或一套漫画去表现，需要上帝之怒、萨达纳帕拉[①]、费里尼式的狂欢、火焰般的舌头[②]和毁灭天使等元素。宁要悬崖不要斜坡。英雄会倒下，会战死，但不会衰弱。慢性死亡带来屈辱，世界末日令人振奋。除了阿提拉以外，在协和广场饮马的鞑靼人形象也很受莱昂·布洛瓦（"我在等待哥萨克和圣灵。"[③]）和我们的超现实主义艺术家的喜爱。

---

① 萨达纳帕拉，古希腊文学中经常出现的亚述国王形象，取材于亚述国王亚述巴尼拔（前685—前631）。他在国都尼尼微即将沦陷时下令焚毁城池，并让手下杀死了他所有的妻妾，然后自尽。
② 源自《使徒列传》。五旬节圣灵降临前，门徒们聚集在同一间屋子祷告。忽然圣灵显灵，声音大如狂风，舌头如火焰般分别呈现在他们头上，至此门徒获得了圣灵的恩赐，能立刻说起他们从未学过、别人也听不懂的方言。
③ 出自莱昂·布洛瓦的最后一卷日记《在世界末日的前夕》。

被淹没的亚特兰蒂斯、神秘而荒芜的复活节岛、在经历了千年的繁荣后毁于一场地震的克里特岛（米诺斯治下的岛屿），如今仍是颇受欢迎的主题。那些宏大的宗教故事很熟悉此种对恐怖的傲慢需求（歌剧剧本也是如此），大洪水、世界末日和最后的审判因此成为我们神话的一部分。于是出现了极度夸张的辞藻："宁要充满恐怖的结局，不要没有终结的恐惧。"尽管这种说法有其优点，但它就像某些小报一样，专门放大坏消息。无论谁在报纸头版上宣告民主制度、西方国家、美国、文化等的终结或蝴蝶和四季豆的灭绝，都能引起轰动。每一场即将到来的选举都像是历史终结前的最后机会和最后一搏。此处的"历史的终结"与其本义恰恰相反（"历史的终结"最早由黑格尔提出，指的是人类历史发现其理想结局的真相的时刻，而不是历史停止的时刻）。面对耶稣复活日、第七封印①的揭开、哈米吉多顿战争②，或者最后的斗争、"最后之最后"（der des ders）③、将推翻之前所有事件的事件，我们当中有谁不会感到战栗？

---

① 基督教相信上帝有七枚封印，每揭开一个就会出现一次局部的审判，第七个被揭开时，最终的审判将会降临。

② 哈米吉多顿战争，《启示录》中预言的世界末日前的人类大战，大战之后救世主便会降临，上帝将对人类进行末日审判。

③ "最后之最后"，这一表达出现于一战结束后，战争留下的创伤使法国人希望一战是世间最后一场战争，于是用"最后之最后"来表达其期许，意为"最后的战争"，今天也用来指"最后一次"。

　　但事情的进展方式并非如此。仔细研究一下历史年表就可发现，在繁盛期被战争、意外或霍乱击倒的文明只是少数，下滑、缓慢消失和解体才是主流。突然破产和全面失败都是可接受的假设，但都很少发生。走下坡路是平庸的同义词。崩塌是伟大的，没落则是低下的。它正在没落？不可接受！事实上，欧洲正日渐没落，并在很大程度上美国化了，受制于"保持积极乐观"和"保持年轻"而硬撑着（宗主国可不喜欢衰弱和疲乏之人）。对美国化的欧洲而言，没落论之于公就如恋童癖之于私——两者均是对优良道德风尚的侵害，且都因破坏希望而罪孽深重。如果有人试图了解罗马人到来后的雅典发生了什么，黄金时代后的马德里发生了什么，1918年后的维也纳发生了什么，或者今天的欧洲发生了什么，那么他就会被视为罪犯或心理扭曲之徒。此种好奇心乃灵魂黑暗阴郁之证。人们认为，研究对象首先会对好学之人产生不良影响，然后波及好奇之人。不可思议的想法！对丧葬仪式的研究加剧了死亡的冲动；对老年学的研究加深了对生命的厌恶；对万有引力的研究则激发了跳窗而出的欲望。因此，必须向未来投以童子军般真诚而坚定的目光，必须永远向上攀登，必须对旺季之间的上千次淡季视而不见。例如，在目前遍地都是博物馆的情况下，我们实际上已进入美学时代，但我们还是对此视而不见为妙，因为那是一个更适合有品位的人和收藏家而非盗火者的时代，遍布讽刺和不屑的时代，哗众取宠且自视甚高的时代。然而，诊所中用于诊断没落的症状列表是一个公开的秘密。表上列有：节假日增多、马戏团竞技游戏泛滥、不信教的人数增加、领土分裂、道德权威与政治权力分离、国家机器四分五裂、极端个人主义兴起，等等。没有必要忏悔。文明曾在我们这里萌芽，现在要去别处开花，两者之间必定有一段过渡期，没有必要抹黑它。旧文明如果不给新文明让出点位子，新文明又怎能萌芽？如果种子不死……

为什么这种名声不好的没落有股硫磺的臭味？它常常掩盖住沸腾的文化气泡，甚至遮蔽了轨迹的黄金分割点，这道轨迹原本有足够的时间来慢慢地混杂各种异质的材料，最终形成一种完美的混合物。瓦莱里说过："文明的年龄应当用其积攒的矛盾数量来衡量，用其内部不相容的习俗和信仰——它们之间会不断地碰撞与调和——的数目来评估，用其往往共存于同一个头脑中的哲学和美学的多样性来测定。"让我们再补充一点：没落催生才能，那些略微变质的肉在腐烂前会释放出微妙的香味。罗马历史上的任何一个时代都不比安敦尼努王朝更具有创造性。罗马城的辉煌在那个时期达到顶峰，其众多港口和行省亦然。哲学、戏剧、小说（如阿普列尤斯[①]等人）和诗歌佳作层出

---

① 阿普列尤斯（约123—约180），古罗马作家、哲学家，代表作有《金驴记》等。

不穷。就在此时，无政府主义的苗头出现，开始动摇"罗马和平"。西班牙的黄金时代是帝国崩塌前的最后一站；18世纪的法国在终结了旧制后，上演了一场短暂的烟花表演；而葡萄牙的影响力，在从里斯本地震（1775年[1]）到康乃馨革命（1974年）的200年间奄奄一息。以上三场落幕演出都用了不少时间，但冬季到来前盛放得最美的花，即伟大时代中最具创造性的动荡，当属1870年至1930年间的维也纳——逐渐衰落的奥匈帝国的首都。作为西罗马帝国的最后一个继承者，奥匈帝国存活5个世纪，然后在萨多瓦被普鲁士打败。当维也纳成了西方世界的客观精神之都时，一切却在往最坏的方向发展——内部的民族独立运动让国家四分五裂，宫廷里充斥着各种悲剧故事和自杀事件，就连它的皇帝也几乎成了傀儡。在轻歌剧和华尔兹以及梅耶林[2]和茜茜公主的晕影下，维也纳的高雅文化为那个世纪的所有艺术创造打下了基础。值得玩味的是，那个伟大的时代始于1871年，当时欧洲大陆的政治和军事中心已经由维也纳转到了柏林，迫使奥地利王室不得不放弃在国际上的主导权。奥地利在欧洲竞技场上的终结，也预示了欧洲在国际舞台上的终结，这次彩排使我们动心，因为这

---

[1] 作者在此处的表述有误。里斯本地震发生在1755年。

[2] 指1898年奥匈帝国皇太子不惜放弃继承权，与情妇玛利亚·费瑟拉在梅耶林猎宫双双自杀。

卷《欢乐的末日》不仅照亮了那个世纪，也为后来者留下了种子。我们都是它的后代，即便是现在，我们都还在享用着环城大道①、维也纳学派②、咖啡馆、画廊、俱乐部、杂志、小酒馆等弥漫着不可替代的"颓废"气息的事物。美好年代的维也纳名人占了2000多年来名人录的一半：绘画领域有克里姆特、柯克西卡和埃贡·席勒，建筑领域有阿道夫·路斯和奥托·瓦格纳，音乐领域有阿尔班·贝尔格、古斯塔夫·马勒、阿诺尔德·勋伯格和安东·韦伯恩，人文科学领域有西格蒙德·弗洛伊德、路德维希·维特根斯坦、约瑟夫·熊彼特和威廉·赖希，文学领域有罗伯特·穆齐尔、斯蒂芬·茨威格、赫尔曼·布洛赫、卡尔·克劳斯和马奈思·斯派博；电影领域有弗里兹·朗、约瑟夫·冯·斯坦伯格、埃里克·冯·施特罗海姆和迈克尔·柯蒂兹。好莱坞如果没有接纳这些文明传播者，就不会是现在的样子，伦敦、哈佛和巴黎亦然。犹太复国主义、马克思主义、实证主义、表现主义等，哪个主义（isme）不该加上austro（奥地利）这个前缀？谁说离开历史舞台就意味着抑郁沮丧？恰恰相反，在富丽堂皇的落幕时期，心中的忧郁挡不住精神上的快乐；生活的艺术发展

---

① 维也纳环城大道，建于1861年至1888年间，集中体现了19世纪后期城市建设的辉煌成就。

② 维也纳学派，20世纪20年代形成的一个自然科学和哲学学派，倡导并宣传逻辑实证主义。

得如此成熟，以至于有些人能够以艺术为生；那时，不必为了承诺而做事，也不必为了感恩而做事；信仰失去了使人盲从的力量，而真相则不加掩饰且毫无增删地显现于人们的脑中；松开紧身胸衣，抛开礼帽，冲破禁忌。集体观念退场，个人主义胜出。一个人眼中的"没落"，在另一个人看来则是"解放"。为什么不能两者兼而有之呢？

当生活告诉我们，不能用遗产来长时间招摇撞骗的时候，我们不禁怀疑佛教徒的芒鞋和橘黄色僧袍能否让我们与现在有所不同（现在的我们并不是我们主动选择的，但我们只能是现在的我们）。总之，我们所做的仅仅是"延续"。这的确令人恼火，却又令人欣慰，因为由此可以得出一个结论：未来出现续篇并非不可能。

这就是传承。这是一场漫长的冒险，微笑终将拭去一时的眼泪。

致　谢

　　我与我的朋友们就这样或那样的话题进行过丰富的思想交流，本书从中受益匪浅。他们是马塞尔·贝纳布、贝尔纳·赛尔基格里尼、让-弗朗索瓦·科洛西莫、米歇尔·雅勒蒂、克洛德·马佐里克、保尔·索里亚诺和让-路易·蒂西耶。

　　谨在此向他们表示我最深切的感谢。